## History

The books reissued in this series include accounts of historical events and movements by eye-witnesses and contemporaries, as well as landmark studies that assembled significant source materials or developed new historiographical methods. The series includes work in social, political and military history on a wide range of periods and regions, giving modern scholars ready access to influential publications of the past.

## Diplomata et Chartae Merovingicae etatis in Archivo Franciae Asservata

This collection of 48 Latin documents dating from the sixth to the ninth centuries was published anonymously in Paris in 1848, when its focus on St Denis, the burial place of the French kings, would have been highly politically sensitive. Many of the charters relate to land, revenues or rights given by Merovingian and Carolingian kings to religious institutions near Paris closely connected to their dynasty. Subjects include Childebert I's foundation of the abbey of St Vincent in 558, donating fields, meadows, forests, fisheries and mills on the River Seine, and grants to St Denis from benefactors including Chlotharus II in 527, Dagobert I in 637, Childebert III in 710 (the taxes on a market) and Chilpericus II in 716–7 (100 cows and a forest). Writings by Pope Nicholas I and a Byzantine emperor also appear. The book provides valuable information about land and power in early medieval France.

# Diplomata et Chartae Merovingicae Aetatis in Archivo Franciae Asservata

CAMBRIDGE UNIVERSITY PRESS

Cambridge, New York, Melbourne, Madrid, Cape Town,
Singapore, São Paolo, Delhi, Tokyo, Mexico City

Published in the United States of America by Cambridge University Press, New York

www.cambridge.org
Information on this title: www.cambridge.org/9781108035330



This edition first published 1848
This digitally printed version 2011

ISBN 978-1-108-03533-0 Paperback

# DIPLOMATA
# ET CHARTÆ
## MEROVINGICÆ ÆTATIS
### IN ARCHIVO FRANCIÆ ASSERVATA.

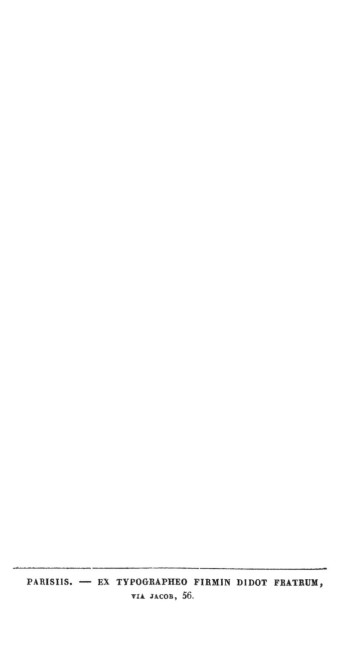

PARISIIS. — EX TYPOGRAPHEO FIRMIN DIDOT FRATRUM,
VIA JACOB, 56.

# DIPLOMATA

# ET CHARTÆ

## MEROVINGICÆ ÆTATIS

IN ARCHIVO FRANCIÆ ASSERVATA.

PARIS,

KOEPPELIN, ÉDITEUR,

QUAI VOLTAIRE, 15.

—

1848.

# DIPLOMATA ET CHARTÆ
# MEROVINGICÆ ÆTATIS
## IN ARCHIVO REGIO ASSERVATA.

## I.

### *Diploma Childeberti I, Regis Francorum, de fundatione Ecclesiæ Sancti Vincentii Parisiensis.*

**Anno 558** *

[1] Childebertus, rex Francorum, vir inluster. Recolendum nobis est et perpensandum utilius, quod hii qui templa Domini Ihsu-Xpisti redificaverunt, et pro requie animarum ibidem tribuerunt, vel in alimonia pauperum aliquid dederunt, et voluntatem Dei adimpleverunt, in aeter—[2] na requie, sine dubio, apud Dominum mercedem recipere meruerunt. Ego Childebertus rex, una cum consensu et voluntate Francorum et Neustrasiorum, et exortatione sanc-

* Hoc diploma, quod de Brequigny et Novæ Diplomaticæ scriptores pro autographo habuerunt, apographum tantum est, uti nec immerito contendunt Pertz, *Archiv.*, tom. VII, p. 824; N. de Wailly, *Éléments de Paléographie*, tom. I, p. 370; Pardessus', *Diplomata*, tom. I, p. 116, n° 2, litteris sane carolinis, in membrana tenui quidem et nitenti, sed non ante nonum sæculum, exaratum. Ipsius autem instrumenti contextus, nonnullis, qui dicitur, suspectus, a pluribus ut genuinus laudatur, quorum sententiam libenter sequimur, dummodo tamen stilum ad meliorem latinitatis formam a recentiore exscriptore reductum et a mendis, quibus diplomata merovingica scatent, subinde expurgatum fuisse concedatur.

tissimo Germano Parisiorum urbis pontificis, vel consensu epicoporum, coepi construere templum in urbe Parisiaca, prope muros civitatis, in terra quae —[5] aspicit ad fiscum nostrum Isciacense, in loco qui appellatur Locotitie, in honore Sancti Vincentii martiris, cujus reliquias de Spania apportavimus, seu et Sancte Crucis, vel Sancti Stephani et Sancti Ferreoli, et Sancti Juliani, et beatissimi Sancti Georgii, et Sancti Gervasii, Protasii, pueri Nazarii et Celsi, quorum reliquie ibi sunt consecra —[4] te. Propterea in honore dominorum sanctorum cedimus nos fiscum largitatis nostre, qui vocatur Isciacus, qui est in pagis Parisiorum, prope alveum Sequane, una cum omnia que ibi sunt aspecta; cum mansis, comanentis, agris, territoriis, vineis, sylvis, pratis, servis, inquilinis, libertis, ministerialis, preter illos quos —[5] nos ingenuos esse precipimus, cum omnibus appenditiis suis qui ibi aspiciunt, cum omnibus adjacentiis qui ibi adagunt; cum omnia que nos deserviunt, tam in aquis vel insulis; cum molendinis inter portam civitatis et turrim positis; cum insulis que ad ipsum fiscum adjacent; cum piscatoria que appellatur vanna; —[6] cum piscateriis omnibus que sunt in ipso alveo Sequane, sumuntque initium a ponte civitatis, et sortiuntur finem ubi alveolus veniens Savara precipitat se in flumine. Has omnes piscationes que sunt et fieri possunt in utraque parte fluminis, sicut nos tenemus, et nostra fores —[7] tis est, tradimus ad ipsum locum, ut habeant ibidem Deo servientes victum cotidianum per suadentia* tempora. Damus autem hanc potestatem, ut cujuscumque potestatis littora fuerint utriusque partis fluminis, teneant unam perticam terre legalem, sicut mos est, ad ducendas naves et reducen —[8] das, ad mittenda retia et retrahenda, absque ulla refragatione. De argumentis vero per que aves possunt capi super aquam, precipimus ut nulla potens persona inquietare audeat fa-

* Profecto legendum foret *per succedentia tempora* : quod mendum haud levi est argumento ad confirmanda quæ in nota præcedenti enunciata sunt. Vox enim *suadentia*, quæ nullum præbet sensum, in autographo vix admitti posset, facile autem intellexeris amanuensem, qui autographum præ oculis habebat, merovingicarum litterarum forma ita deceptum ut *suadentia* pro *succedentia* legerit et in apographum transcripserit.

mulos Dei, sed omnia secure teneant, possideant per infinitas temporum successiones, et cum areis — [9] et casis in Parisius civitate, cum terra et vinea et oratorio in honore Sancti Andeoli martiris, que de Elario et Ceraunio, dato precio, comparavimus; omnia et ex omnibus, quicquid ea nos deservierunt, in postmodum pro requie animae mee, quando Deus de hac clarissima luce dede — [10] runt discessum, ipse fiscus qui vocatur Isciacus, cum omnia quae ibi sunt aspecta ipso die, ad ipsum templum Domini, quod nos edificamus, deserviat: et omnia quae ibi sunt opus, tam ad lumen quam, in Dei nomine, ad stipendia servis Dei, quos ibi instituimus, seu ad ipsos rectores qui ipsos regere habent, — [11] omnia et ex omnibus ibi transsolvant, ejusque temporibus et per longum annorum spatia ad ipsum templum Domini, absque contradictione vel refragatione aut judiciaria contentione, inspecta ipsa preceptio, omnique tempore profitiat in aucmentum. Et haec preceptio cessi — [12] onis nostre futuris temporibus, Deo auxiliante, firmior habeatur, vel per tempora inviolabiliter conservetur, manibus propriis vel nostris signaculis subter infra decrevimus roborare. — [13] Datum quod fecit menso decembre dies sex, anno XLVIII, postquam Childebertus rex regnare cepit. Ego Valentianus notarius et amanuensis recognovi et suscripsi. — [14] Signum Childeberti gloriosissimi regis. *Locus Sigilli.*

---

## II.

### *Charta Germani, Parisiensis episcopi, pro basilica S. Crucis et S. Vincentii* *.

Anno 566.

[1] Dominis viris apostolicis, sanctis et in Xpristo fratribus, omnibus episcopis Parisiace urbis cum gratia Dei futuris, et celesti visi-

* De hac charta, etsi in papyro sit exarata, idem ac de præcedenti dicendum est; apographum enim est decimo circiter sæculo transcriptum.

tatione ditatis, Germanus peccator. Omnibus non habetur incognitum qualis ac quantus circa monasteria, — [2] ecclesias, aut erga Deum timentium virorum fuerit inclite memorie gloriosissimus Childebertus rex, cujus summa benivolentia multis largita est copiosa beneficia, et immunitati nostre stabilitatem perpetuam. Scilicet cogitans quia, qui — [3] ista temporalia reservaret metenda, sibi multo majora a Deo illi attribuerentur, si ob ejus amorem templa fundaret, et egentium inopiam substentaret, et pro magnis parva offerret atque pro terrenis celestia acdipisceretur. Unde et nobis ob — [4] sepulture sue meritum aliqua a se considerare mandavit, et considerata cessit. Itaque inclitus iste princeps Parisius basilicam in honore Sancte Crucis et donni Vincentii vel reliquorum sanctorum in unum membrum construxit, et sibi sepulturam — [5] inibi collocavit, ac largitatis sue copiam per testamenti sui paginam nobis habere decrevit, et habendi meritum loco tanti ordinis constituit. Sed dum pagina testamenti sui et cordis fides sub humana fragilitate temporaliter vigeret, agente in — [6] quorumdam calliditate, ne eterna illi tribueretur beatitudo, ac scriptum non sortiretur effectum, simulque abbas et congregatio deputata non perciperent, ac sterilitate victus et vestitus deperirent : monuit me illius recordatio, et ob — [7] amorem illius terruit me tanta securitas simulque pietatis et caritatis affectus. Ille etenim post Deum, dum superesset, fuit nostra immunitas et securitas, pax et recuperatio ac sequestratio omnis a civili negotio. — [8] Nos vero in hac re pietati illius consulentes, et ceterorum regum velle stabiliri conantes, caritatem fraterne dilectionis vestre nobiscum volumus concordari; quatinus quatinus illius sancti loci honor celeberrimus et — [9] memoria jam dicti principis gloriosi eniteat eodem in loco omnibus ejus evi temporibus, habeatque abbatem ex propria congregatione ipsa ecclesia, qui sub gubernatione scilicet regum, per successiones, eundem locum — [10] provideat, sitque alienus pontifex omnis Parisiorum ab eodem loco, ut non deinceps aliquam potestatem in omnibus ad ipsum locum pertinentibus habeat. Simulque sancimus ut nullus metropolitanus aut aliquis — [11] suffraganeus ejus, causa alicujus ordinationis illuc ingredi presumat, nisi solummodo ab abbate ejusdem loci vocatus venerit ad sanctitatis misterium celebrandum, aut ad ecclesias — [12] consecrandas, aut ad benedictiones clericorum vel monachorum instituendas; quod debitum renuere nullatenus renuere debet. Ceterum quicquid a die presenti, tam a tempore meo, quam et suc — [13] cessorum meorum omnium in sede Parisiorum residentium episcoporum, vel a Deum timentibus principibus ejusdem plebis, in fiscis, villis, agris, in auro vel argento fuerit delegatum sive donatum, ut ad integrum habeat volo, — [14] rogo, conjuro. Decrevi etiam per hanc cartulam immunitatis et cessionis, meam basilicam, superius nuncupatam, sine gestorum obligatione manere. Et quia id antea consuetudo non fuit, et modo a regibus et prin — [15] cipibus mihi est concessum, voluntatem pietatis vestre in hoc scripto pretermittere nolui, sed in omnibus per vos roborari et confirmari exposco, ut deinceps ratum permaneat. Et si aliquis umquam fuerit, — [16] qui contra hanc deliberationem meam, quam ego, pro firmitatis studio, cum metropolitani et reliquorum episcoporum consilio ac suasione decrevi conscribere, quoquo tempore venire temptaverit, — [17] aut fortassis locum refragandi quesierit, in primis a liminibus sanctarum ecclesiarum ab omnibus episcopis et sacerdotibus Dei, tam presentis temporis quam et futuri, sit excommunicatus et alienus a pace, et in — [18] futuro judicio, cum sanctis et amicis Dei, in quorum [honore] hec conscriptio facta est, meum ac dominorum meorum metropolitanorum seu episcoporum presentium super se adesse sentiat judicium et sit anathema maranatha. — [19] At insuper, ut hec cartula firmiorem possit adipisci plenitudinem, conprovincialium dominorum episcoporum et fratrum meorum presbyterorum seu diaconorum conscriptionibus ipsam volui corroborare. — [20] Actum Parisius civitate, sub die duodecima calendarum septembris, anno quinto Chariberti regis. Germanus peccator hanc cartulam cessionis et emunitatis a me factam relegi et subscripsi, sub die quo supra. — [21] Nicetius, Lugdunensis episcopus, in Xpisti nomine, petente apostolico donno et fratre meo Germano episcopo, et donna Ulthrogote regina, atque donna Chrodesinta ac Chroberga, constitutionem hanc, scilicet a presenti — [22] tempore a successoribus donni Germani episcopi perpetuo custodiendam, relegi et manus mee subscriptione corroboravi notato die. Pretextatus,

Cabillonensis episcopus, deliberationem superius conprehensam,—[23] rogante et presente donno Germano episcopo, gaudenter suscepi relegendam et subscripsi, notato die. Felix, Aurelianensis episcopus, juxta consensum et deliberationem donni Germani in perpetuo mansuram,—[24] subscripsi, notato die. Eufronius, Nivernensis episcopus, rogante donno apostolico Germano episcopo, hanc deliberationem relegi et subscripsi, notato die. Domicianus, Carnotensis episcopus, juxta consensum et deli —[25] berationem fratris mei Germani episcopi, consensi et subscripsi, notato die. Donnolus, Cenomanensis episcopus, consensi et suscripsi, notato die. Caletricus peccator, juxta consensum et deliberationem donni —[26] Germani episcopi, consensi et subscripsi, notato die. Victurius peccator, juxta deliberationem hanc, Germano presente fratre meo et rogante, consensi et subscripsi, notato die. —[27] Leodebaudus peccator consensi et subscripsi, notato die.—[28] Amanuensis notarius, sub jussione donni Germani episcopi, hoc privilegium cessionis scripsi et subscripsi.

---

## III.

*Diploma Chlotarii II, Francorum regis, quo ratas habet donationes Dodoni abbati et basilicæ S. Dionysii prope Parisios, aliisque locis sanctis, a Johanne quodam negotiatore factas* *

Anno 527.

[1] Viris illustribus Chrodegar. . . . . . . . . . . . . . . . . . —[2] . . . e sana mente per basilecabus de suis propriis facultatebus per testamenti pagenam voluerit legaliter delegari, per nostris auctoretatebus testamentum —[3]. . . . . . . .oster Dodo abba de basileca Sancti domni Dioninsio martheris, peculiares patroni nostri,

* Papyrus.

testamenti pagenam a Johanne quondam neguciante filius Hid — [4] . . . . uid de suis facultatebus ad basileca ipsius Sancti Dioninsio, vel relequa loca sancta, infra oppedum Parisiorum civetatis, eciam et ad alecus de suis propinquis per ipso — [5] . . . . . . . . generaliter confirmari deberimus. Quod nos magnetudo vestra, sicut unicuique justa petentes vel pro nostre mercides conpendium, hunc beneficium non negasse — [6] . . . . . . . . . . . sepe dictus Johannis ad antedicta basileca Sancti domni Dioninsio, vel relequa sancta loca, aut suis propinquis juste nuscetur delegasse, hoc est, in terris, domebus, mancipiis — [7]. . . . . . . . entis vel relequo beneficio, hujus auctoretatis nostre vigore et generale beneficium confirmatum ad ipsas basilecas, vel suis propinquis proficiat in perpetuo— [8] . . . . . . . . mentum similiter per hanc preceptionem firmati valeant permanere securi. Et ut hec auctoretas, ampliatis titolis, nostris et futuris temporebus inconcusso jure— [9] . . . . Ursinus optulit. Chlothacharius, in Xpisti nomine rex, hanc preceptionem subscripsit. — [10] . . . nostri Stirpiniaco, feliciter in Domino, ad vetus palacium.

*Locus Sigilli.*

---

## IV.

### *Diploma Dagoberti I, de partitione bonorum inter Ursinum et Beppolenum fratres *.*

Anno 628.

[1] Dagobercthus rex Francorum vir inluster.

[2] Quotienscumque peticionebus fedilium personarum in quo nostris fuerint patefacti, eas per singola libenter volumus obaudire, et effectui, in Dei nomine, mancipari. Adque ideo vir inluster et

* Papyrus.

fedelis, Deo —[3] propicio, noster Ursinus climenciae regni nostri peciit, ut de id quod una cum germano suo Beppoleno in divisionis paginam, tam ex successione geneturi suo Chrodoleno quam germano suo Chaime —[4] des quondam, loca quorum vocabola sunt, Ferrarias, Leubaredovillare et Eudoncovilla seu reliqua, facultatem vel villas illas quod in Roteneco de alode materna per pactionis titulum —[5] ad eodem nuscuntur pervenisse : hoc est cum terris, aedificiis, mancipiis, viniis, silvis, pratis, pascuis, aquis aquarumve decursebus, movilebus et immovilebus, vel reliquis rebus seu adjacentiis ad —[6] ipsa? pertenentibus, ut dictum est, ad parte sua pervenisset, et hoc ad presens ricto ordene essent domenati. Unde et pactione pleniore loca, vel de reliquas res, mano prefato germano suo —[7] Beppoleno subscripta, vel bonorum roboracione [firmata], se pre manibus habere adfirmat, idemque et vindicionis, quod ab aliquibus homenebus in suprascripta loca porciones alequas visus est, conpa—[8] rasse prae manebus habere adfirmat : petit predictus vir ut nostram ex hoc circa ipsum plinius deberit confirmari praeceptio. Cujus postolacione pro rei tucius firmitatem noluemus denegari; praeci —[9] pientis enim ut quicquid ei constat, aequo ordene...... in dicta loca vel reliquas res ad parte sua per inspecta pactione econtra supradicto germano suo justi in divisione percipisse, et quod per —[10] ipsas vindicionis in prefata loca possedire dinuscetur, ut ad presens ricto tramete possedire videtur, nostram in Dei nomen generaliter auctoretatem firmatur et ipsi hoc teneat... .ndat et suisque posteris —[11] perpetualiter ad possedendum relinquat. Et ut haec auctoretas perpetuis temporebus firma stabeletate debeat perdurare, manus nostre subscriptionebus subter —[12] eam decrevimus roborare. Burgundofaro optolit. Dagobercthus rex subscripsit.

---

# V.

## *Diploma Dagoberti I, de villa Iticinascoa *.*

Anno 637.

[1] Dagobercthus rex Francorum. Viris inlustribus Vuandelbertho duci, Raganrico domestico et omnibus agentibus praesentibus et futuris —[2]... aeterna ac de caduca substantia erogandum locrari gaudia sempeterna. Igetur nos reipsa considerantis prout in aeternum vel alequantolum mereamur justorum esse consortis, villas cognomenante Iticinascoam, in pago Parisiaco, qui fuit Landerico et Garmnerico germanis et addicionebus... vel meretum— [3] ad baseleca domni Diunensi martheris, peculiaris patroni nostri, ubi ipse preciosus domnus in corpore requiescere vedetur,... ibidem devoti sumus per tempora, bona propiciante Domino, impartire praesencialiter plena devocione visi fuemus concessisse. Jubentis etenim vol... reis — [4] silvis, pratis, pascuis, aquis aquarumve decursibus, a die praesenti, qualiter ab ipsis... dominetur vel a fisco nostro praesente nunc tempore in Dei nomine possedetur, ex indulgentia nostra ad ipsa sancta baseleca concessa, quae...a dicione percipiant specialius .... ti pauperis inibi — [5] consistentebus pro regni stabiletate vel remedium animae nostrae, absque ullius in postmodum refragatione, temporebus debeat profecere, et ut fiat ut dum nos ad clero vel pauperes ac ipso loco sancto constente cia... vel alequantolum.. — [6] omne... incommoda generetur. Et ut.. inviolabelem capeat firmetatem manus nostrae subscriptionebus infra.

[7] Dagobercthus rex subscripsit. — Dado optolit.

[8] .......dies quindecem, anno decemo regni nostri, in Dei... Clipiaco feliciter.

* In aversa hujus instrumenti papyracei parte inscriptum est privilegium pro monasterio S Dionysii, anno incarnationis 862, a Karolo rege, in synodo Suessionensi emissum. De quo videsis quod in præfatione nostra summatim disseruimus.

# VI.

## *Diploma Dagoberti I, quo immunitatem ab omni potestate concedit monasterio S. Dionysii* *.

Anno 637.

[1] Dagobertus, rex Francorum, vir inluster, omnibus episcopis, is abbatibus, ducibus, comitibus, centenariis ceterisque agentibus nostris presentibus scilicet et futuris — [2]. Oportet clementiae principali inter ceteras petitiones illud quod pro salute anime ascribitur, et pro divino nomine postulatur, placabili auditu suscipere, et procul dubio ad affectum perducere, quatinus de caducis rebus presentis seculi eterna— [3] vita conquiratur, juxta preceptum Domini dicentis: Facite vobis amicos de mammona iniquitatis. Ergo de mammona iniquitatis, juxta ipsius dictum, nos oportet mercari eterna et celestia, ut dum aecclesiis Xpisti impertimur congrua benefitia, — [4] retributorem Dominum ex hoc habere mereamur in eterna tabernacula. Igitur venerabilis Aygulfus abbas de basilica peculiaris patroni nostri domni Dionisii martiris, ubi ipse preciosus domnus in corpore requiescit, clementiam regni nostri — [5] supplicavit ut, juxta hoc quod ante hos dies in Compendio in nostro generali placito tractavimus, ita nunc in universali nostra synodo Parisius congregata per propriam nostram auctoritatem, sub immunitatis nomine, denuo pro rei firmitate, cir — [6] ca ipsum sanctum locum, vel homines qui se, cum substantia sua vel rebus, ad ipsam sanctam basilicam tradere et devovere voluerunt, hoc nos in Dei nomine prestare et confirmare circa ipsum sanctum locum dignaremur. — [7] Ideo cognoscat magnitudo seu utilitas vestra, quod ita nos pro reverentia ipsorum sanctorum, vel pro quiete monachorum ibidem Deo famulantium, promptissima voluntate denuo concessisse, et in omnibus confir-

* Papyrus. — Hoc diploma apographum est nono circiter, ni fallimur, sæculo in aversa cujusdam instrumenti merovingici parte exaratum. Quod quidem instrumentum, tot abhinc annis obtectum (ut in præfatione nostra exposuimus), nondum publici juris factum fuisse conjicere licet; scriptura autem oculorum aciem ita fugit ut paucissima tantum verba, inter quæ regis, id est, *Chlothacarii*, nomen, legere sit.

mas — [8] se visi sumus. Quapropter per hoc preceptum, quod specialius decernimus et in perpetuum volumus esse mansurum, jubemus atque constituimus ut neque nos neque successores nostri, neque quilibet episcopus vel archiepiscopus — [9] nec quicumque de judiciaria potestate accinctus, in ipsam sanctam basilicam vel immanentes in ipsa, nisi per voluntate mabbatis et suorum monachorum, ullam umquam habeat potestatem; sed sit hec sancta mater ecclesia, videlicet — [10] peculiaris patroni nostri domni et magni Dionisii, libera et absoluta ab omni invasione vel inquietudine omnium hominum, cujuscumque ordinis vel potestatis esse videantur. In curtes vero prefate basilice domni Dionisii, ubi et ubi, in quascumque regiones vel — [11] pagos, in regno, Deo propicio, nostro, quod a die presente pars ipsius monasterii possidere et dominari videtur, vel quod a Deum timentibus hominibus per legitima cartarum instrumenta ibidem fuit concessum, aut inantea erit additum vel delegatum, nec ad causas audien — [12] dum, nec ad fidejussores tollendos, nec ad freda vel bannos exigendum, et ad mansiones vel paratas faciendum, nec ullas redibitiones requirendum, infra immunitatem S. Dionisii ingredi vel requirere quoquo tempore presumatur; sed quicquid exinde — [13] fiscus noster poterat exactare, omnia et ex omnibus, pro mercedis nostre augmento, sub integra et firmissima immunitate a die presente concedimus ad ipsum sanctum locum et im perpetuo confirmamus. Si autem quispiam hanc nostram auctori — [14] tatem vel immunitatem infrangere voluerit et alios ad hoc conduxerit, unusquisque pro semetipso libras triginta ex auro purissimo partibus S. Dionysii componat, et, ut dictum est, quicquid exinde ad partem nostram — [15] fiscus noster sperare poterat, illuminaribus vel stipendiis monachorum seu et in elemosinis pauperum ipsius monasterii, perenniter, per nostra oracula ad integrum sit concessum atque indultum, ita ut eis melius delectet pro stabilitate regni nostri — [16], vel pro quiete, et quibuslibet leudis nostris Domini misericordiam attentius deprecari. Et ut hec autoritas nostris et futuris temporibus circa ipsum sanctum locum perenniter firma et inviolata permaniat, vel per omnia tempora inlesa. . . . . . . . custodiatur — [17] atque conservetur, et ab omnibus obtimatibus nostris et judicibus publicis et privatis melius ac certius credatur, manus nostre subscriptionibus subter eam decrevimus roborare, et de annulo nostro jussimus sigillare.

DABO OBTULIT. DAGOBERTUS REX SUSCRIPSIT.

| | | |
|---|---|---|
| Johannes episcopus S. | Eligius episcopus S. | Acterius episcopus S. |
| Palladius episcopus S. | Laudemerus episcopus S. | Clarus episcopus S. |
| Richoaldus episcopus S. | Silvinus episcopus S. | Mommolus prefectus S. |
| Maurinus episcopus S. | Landericus episcopus S. | Gondoenus comes S. |
| Atherius episcopus S. | Brado episcopus S. | Werpienus comes S. |

Drutoaldus. Charimundus comes S.
Vudinus. Chariulfus comes S.

Data IIIº kalendas Augustas, anno decimo regni nostri, Parisius, in Dei nomine feliciter. Amen.

---

# VII.

## *Diploma Chlodovei II, de terra Cotiraco* *.

Anno 640.

[1] [Chlodovius rex Francorum] vir inluster Vandalberto duci et Ebrulfo grafioni vel omnibus agentebus presentebus et futuris — [2] Se petitionebus sacerdotum semper parebemus.......... sinus... ime in h.... regni nostri... — [3] ..... vel basilec......... confirmantis... — [4]........ sua........... quondam per sua epistola — [5].. in loco nonçopante Cotiraco, quae est super fluvium Isera, in pago Cameliacense, pro— [6]...ones domini genituris nostri Dagobercthi regis manebus robor... firmas... — [7]........... raeces... cujus petiti... hoc ei magnetudo seu uteletas ves — [8] tra... et confirmation... et genet..is nostri quicquid .... in suprascripta loca... inter... — [9]... basilecam........ praesenti tempore stabileter possedetur, indesenenter — [10]........ possedeant, et absque lite... convexacio.— [11] propria subscriptione inserere non possumus, tamen...os et praecelsa genetrex nostra dom — [12]......bercthus... Sig. domni Chlodovio regi. Sig. praecelsae Nantechildae reginae.

* In aversa hujus papyri parte fragmentum bullæ legitur.

---

# VIII *.

## *Diploma Cholodovei II, quo privilegia et possessiones monasterii S. Dionysii confirmat* **.

Anno 653, 22 jun.

[1] Chlodovius, rex Francorum vir inluster.

[2] Oportit climenciae princepali inter citeras peticiones illud quae pro salute adscribetur, vel pro timore divini nomenis postolatur placabeli audito suscipere et ad effectum perducere ut fiat in mercide conjunccio, dum pro quiete servorum Dei vel congruencia locis venerabilebus inpertitur peticio. Igetur dum et Omnipotens Pater, qui dixit de tenebris —[3] lumen splendiscere, per Incarnacionis mistirium unigeniti fili sui Domini nostri Ihsum-Xpisti, vel inlustracionem Spiritus Sancti inluxit in corda sanctorum Xpistianorum, pro cujus amore et desiderio, inter citeros gloriosos triumphos marterum, beatus Dionisius, Leutherius et Rustecus meruerunt palmam victuriae et coronam percipere gloriosam, ubi per multa tempora in eorum basileca, in qua requiescere videntur —[4], non minema miracola Xpistus per ipsos videtur operare; in quo eciam loco genetores nostri, domnus Dagobercthus et domna Nantechildis, videntur requiescere, ut per intercessionem sanctorum illorum, in celesti regno cum omnebus sanctis mereant participari et vitam aeternam percipere. Et quia ab ipsis principebus vel a citeris priscis regebus, vel aeciam a Deo timentebus Xpistianis hominebus, ipse sanctus locus —[5] in rebus propter amorem Dei et vita aeterna videtur esse ditatus, et nostra integra devocio et peticio fuit ut apostolicus vir Landericus, Parisiaci aecclesie episcopus, privilegio ad ipsum sanctum locum, abbati vel fratrebus ibidem consistentebus facere vel confirmare pro quiite futura deberit, quo facilius congregacioni ipsi licerit pro stabiletate regni nostri ad limena marterum ipsorum jugeter exorare, hoc ipse —[6] pontefex, cum suis quoepiscopis, juxta peticionem devocio-

* Hujus diplomatis specimen in tabulis sub n° IX male notatur.

** Papyrus.

nis nostre, plenissemam voluntatem prestitisse vel confirmasse dinuscitur. Nos ergo per hanc seriem autoretatis nostrae, juxta quod per supradictum privilegium a pontefecebus factum et prestetum est, pro reverencia ipsorum marterum, vel nostra confirmanda mercide, per hanc autoretatem jobemus ut si qua ad ipsum locum sanctum in villabus, man — [7] cipiis vel quibuscumque rebus adque corporebus, a priscis principebus, seo genetorebus nostris, vel a Deum timentebus hominebus, propter amorem Dei, ibidem delegatum, aut deinceps fuerit addetum, dum ex munificencia parentum nostrorum, ut dixemus, ipse sanctus locus videtur esse ditatus, nullus episcoporum, nec praesentes, nec qui futuri fuerint successores, aut eorum ordenatores vel qualibet persona — [8] possit, quoquo ordene, de loco ipso alequid auferre, aut alequa potestate sibi in ipso monasth..... vel alequid quase per conmutacionis titolum, absque volontate ipsius congregacionis vel nostrum permissum, minoare, aut calices vel croces, seo indumenta altaris, vel sacros codeces, argentum aurumve, vel qualemcumque speciem de quod ibidem conlatum fuit aut erit, auferre — [9] aut menoare, vel ad civetate deferre non debeat nec præsumat; sed liciat ipsi sancte congregacioni, [sicut] per rictam delegacionem conlatum est, perpetem possedere et pro stabiletate regni nostri jugeter exorare : quia nos, pro Dei amore vel pro reverencia ipsorum sanctorum marterum et adhepiscenda vita aeterna, hunc beneficium ad locum ipsum sanctum, cum consilio pontefecum et inlustrium virorum — [10] nostrorum procerum gratissemo anemo et integra volontate vise fuemus prestitisse, eo scilecit ordene ut sicut tempore domni genetoris nostri ibidem psallencius per turmas fuit instetutus, vel sicut ad monasthirium Sancti Mauricii Agaunis die noctoque tenetur, ita in loco ipso celebretur. Quam viro autoretate decrivemus Xpistum in omnebus nobis subfragantem ut fir — [11] mior habeatur, et per tempora conservitur, subscripcionebus manus nostrae infra roborare. Beroaldus optulit.

Chlodovius (*locus monogrammatis**) rex subcripsit.

1° (*A sinistra monogrammatis*) † Laudomerus episcopus consen-

* Hoc monogrammate nomen Chlodovei regis effingitur, uti, nec immerito, asserit N. de Wailly, *Éléments de Paléographie*, tome I, page 558.

ciens subscripsi. — † Aectherius peccator consenciens subscripsi. — † In Xpisti nomine, Eligius episcopus subscripsi. — † Ricoaldus peccator consenciens subscripsi. — † Rigobercthus, peccator, episcopus subscripsi. — Signum † vir inluster Radoberto major domus..... † In Xpisti nomine Landericus, ac si peccator episcopus, subscripsi. — Aaegynarus subscripsi. — † Chradobertus subscripsi. — Signum † vir inluster Ermenrico domesticus. — Signum † vir inluster Merulfo. — Signum † vir inluster Bertecari.......... — Signum † vir inluster Aigulfo comes palatii. — Gauciobertus diaconus hunc privilegium subscripsi. — Ochelpincus subscripsi. — Signum † vir inluster Austroberto. — Signum † Gaerinus jussus subscripsi. — Ebrulfus subscripsi. — Incrinus subscripsi. — Signum † vir inluster Probato. — Signum † Gundoberto. — † In Xpisti nomine Gaerechramnus diaconus subscripsi.

2° (*Sub monogrammate*) † Vulfolendus peccator subscripsi. — † Amalbercthus consinsi et subscripsi. — † Chadebo consinsi et subscripsi. — † Athildus concinsi et subscripsi — † Varnacharius consinsi et subscripsi. — † Bobo consinsi et subscripsi. — † Desideratus consinsi et subscripsi.

3° (*A dextra monogrammatis*) Aunemundus peccator consenciens subscripsi. — † In Xpisti nomine Chaoaldus episcopus consenciens subscripsi. — † Rauracus peccator episcopus consenciens subscripsi. — † Palladius peccator consenciens subscripsi. — † Clarus, in Dei nomine, episcopus, consinsi et subscripsi. — † Arsenctas peccator consenciens subscripsi. — † ......... peccator consenciens subscripsi. — † Vandalmarus consensi et subscripsi. — Sygichelmus consinsi et subscripsi. — † Auderdus, vir inluster atque patricius subscripsi. — † Vualderadus consinsi et subscripsi. — † Ganctulfus consinsit et subscripsit. — † Rado subscripsi. — † Bodolevus subscripsi. — † Ebroinus subscripsi. — † Ragenobertus subscripsi. — † Arnebercthus subscripsi. — † Chaldo subscripsi. Signum † vir inluster Madalfrido.

(*Locus sigilli.*)

Datum sub die X kal. julias, an. XVI regni nostri ...piaco, in Dei nomine feliciter.

## IX.

### *Diploma Chlodovei II, suggerente matrona Amanchilde emissum*.*

Anno 656.

. . . . . [1] viro inlustri . . . . . — [2] idemque inlustres matrona Amanchildes clemenciae rigni nostri credidit suggerendum . . . . — [3] lis Chramlos subteriore Sateliaco vel locello qui dicitur Curtilis, sibi Berimariacas — [4] . . . . co et terra ad ipso maro aspiciente bunoariaxu, una cum adjecencias earum promeruissit — [5]. . . . cessissit, vel confirmassit, quem viro epistolas pre manibus habere adfirmat, et ipsas villas — [6] . . . . cium plinius confirmare deberemus, qui nos hunc beneficium sicut unicuique justa petentebus. . . . — [7] vel adjecencias earum tam in terris, domebus, edeficiis, mancipiis, silvis, pratis, pascuiis, peculiis — [8]. . . . inspecta ipsa aepistola in suprascripta loca visa fuit promeruisse, et hoc ad presens quieto ordene poss — [9] . . . . voluerit. . . . . liberum in omnibus puciatur arbitrium et hæc auctoretas tam a nostris quam. . . . . . . . . . . . . . . . — [10]. . . . . . o regni domno Chlodoveo.

---

## X.

### *Diploma Chlotarii III, pro matriculariis ecclesiæ S. Dionysii**.*

Anno 657.

. . . . . . . [1] vir inluster — [2]. . . . . . . . et sua fiant istabilis confirmare. Idioque venerabilis vir Vuandeberctus, abba de basileca peculiaris patroni nostri domni Dioninsis, ubi ipsi preciosus in corpore requiiscit — [3] . . . . . noncupantis Aguciaco, Cusduno, Magnino-

* Papyrus, in cujus aversa parte fragmentum bullæ legitur.

** Papyrus, in cujus aversa parte alterum ejusdem bullæ fragmentum.

villare, Medianovillare, seo et Gellis, sitas in pago Belloacinse, pro sui anime remedium ad matrigolarius prefati sancti basileci domni Dioninsis, unde sustancia—[4] . . . . . . . et ejus manus dicuntur tripedare illi calamus; idio ipsa auturetate mano propria non podibat subscribere, nisi domno et geneture nostro Chlodovio, quondam rege, dum adoliscens erat, vel avi nostri Nantechil —[5] . . . . are vel subscribire debirint. Quod et tunc manefestum fuisse vel ficisse denuscitur, et postia suprascriptus dommus et genetur noster per suam auturetate sua mano subscr. . . . encius ad ipsus —. . . .[6] abire adfirmat, et villas ipsas ipsi matrigolariae, unde sustancia viditur habere, tempure presente asserint possedire vel domenare : sed pro integra firmetatem p. . . . memor. . . abba celse—[7]. . .berimus, cujus p. . .cione pro referencia. . . . . sancti loci gradanti animo pristetisse vel confirmasse cognuscitur. Precipientis enim ut quicquid in memorata loca ab ipso avo nostro ad ipsa sancta basileca —[8]. . . firmatum, hoc est . . . .is, domebus, mancipiis, aquolabus, viniis, silvis, pratis, pascuis, aquis, aquarumve decursebus, peculiis, presidiis, movile et inmovile . . . . qualibet . . . . vel quicquid —[9] . . . . auturetatis predictis princibebus per nostro precepto generale confirmati, habendi, tenendi, possedendi ad ipsa sancta basileca, Xpisto auspeci, pro . . . . . —[10] . . . . eam subter decrivemus adfirmare. Chrodinus optulit.

---

## XI.

### *Placitum Chlotarii III de villa Tauricciaco* *.

Anno 658.

[Chlotarius rex Francorum, vir inluster.] . . . . —[1] deremendum vel justo judicio termenandum resederemus, ibique venientis acturis monasthiri peculiaris patroni nostri domni Dioninse, ubi ipse preciosus in corpore requiisset Ingober . . . . —[2] cui suprascripta fimena dedit in respunsis, quod acta conposcionalem habibat qualiter ipsas villas ipse Ermelenus, jocalis suos, ei contullerat; sed ipse agentis

* Papyrus.

econtra ...— [3] et praedictus pontefex in praesenti adstabat et precaria ostendebat ab ipsa fimena facta. Quo relicta, inventum est quod ipsa fimena de omne corpore .....— [4] et corpore facultatis ipsius Ermeleno fecisse. Sed agentis predicti basilice vindicione, vel praecaria, ab ipso Ermeleno in germano suo Chuglibercto conscripta, ostend .... — [5] de omne corpori facultati sui conscripserat et ipsas in presenti ostendedirunt recensendas, et intendibant quod ipsas duas partis de predictas villas Tauricciaco et .... — [6] dictas villas adgaecenciasque aearum in integrum suo dominio valeret vendecare. Propterea nus, una cum nostris procerebus, constet decrevisse ut ipsas duas partis de pred..... — [7] et inluster vir Chalodoaldus, comis palatii nostri, testemunivit quod taliter hac causa acta vel per ordeni inquisita seo defenita fuisse denuscetur, jubemus ut ipsas ..... — [8] domni Dioninse hacturisque omni tempore habiant evendecatas, et sit inter ipsis de hac re in postmodum subita causacio. — Teoberctus recognovit.

---

## XII.

*Diploma Chlotarii III, quo, causa audita, Simplicciacum, Tauriacum et alias villas monasterio S. Dionysii adjudicat* *.

Anno 658.

[1] Chlotarius rex Francorum, vir inluster. — [2] ..... siniscalcis, Vidrachado et Anseberctho referendariis, et Chadoloaldo, comite palati nostro, ad universorum causas audiendum vel recto judicio termenando, resederemus, ibique venientes agentis monasthirii domni Dioninse, ubi ipse preceosus domnus in corpore requiiscit, adversus apostolico viro domno Berachario episcopo adserebant, eo quod Ermelanus quondam vel filius suos Goddo ing — [3] ... [Berach]ario contradicere .... deberi. Qui Beracharius econtra dicebat, eo quod ab ipso Ermeleno in geniture suo exinde epistola donationis fuisse conscripta, et ob hoc ipsa heredetas ad eodem pervenissit. Sed in presenti antefati agentis domni Dionense precepcione incliti re-

* Papyrus.

cordationis domni et genituris nostri Chlodovici, quondam regis, protullerunt recen[sen]da, ubi. . . . Ermeleno. . . eceptio—[4] . . . . . contenibat, ut ubi et ubi ille. . . . Ermelenus in Beroaldo heredebusque suis ficerat invinibantur, vacuas et inanis permanirent, et nullum sortirentur effectum; sed ubicumque antedictus Ermelenus vel filius suos Goddo eorum facultatem dare aut derelinquere vellibant, liberum ex permisso praedicto princepe habirent arbitrium. Sed dummodo inter se fo. . . et de h. . . iat—[5] . . . . . revocare dominium ex. . . parti Beracharius episcopus ex ipsa facultate, absque repeticionem agentum predicti monasthiri, ad suum jure revocare deberit : quod et in presenti judicia nostra utrasque partis pro calcanda lite vise fuerunt accepisse. Sed dum in ipsa causacione intenderent, veniens ex parti homo, nomene Madroaldus, presentebus suprascriptis viris. . . . quod de predict. . . . — [6] . . . . . fecere suprascr. . . loca Madroaldo viro dedissit. . . . sed in presenti professus est, quod ipsas villas, per vindicionis titolum, accepta sua pecunia, distraxerat. Suprascripti agentis Sancti domni Dioninse in praesenti asserebant quod illas duas partis de praedictis villabus, quod Beracharius vindedirat, recipire vellibat. Sed in quantum inluster vir Chadoloaldus, comis palacii nostri, nobis pre. . . alt. . . em. . . t. . . .x. annis — [7] . . . que heredebus vel. . . . . seo agentis domni Dioninse habiat evindicare in villas, id sunt, Simplicciaco, Tauriaco, Stupellas, Flaviniaco, Pociusciniaco, Vassurecurti, Burgonno, Alintummas, Sastivale, Cambariaco, Bursiato, Coriaco et Munciaco, sitas in pagus Cinnomannico, Andicavo, Rodonico et Mufca. Unde in causacionem pro Chagilberctho quondam et Ermeleno adste — [8] . . . . . villas Simplicciaco, Tauriaco, Stupellas ,Flaviniaco, Pociusciniaco, Vassurecurti, Burgonno, Alintummas, Sastivale, Cambariaco, Bursiato, Coriaco et Munciaco, quem per nostro. . . . . . . . quod in ipsas villas Beracharius habire poterat, inspecta sua epistola hujus mereti partibus Sancti domni Dioninse vel suae . . . . . facire et. . . dictum . . . . . . . . . — [9] . . . . . domnus Beracharius illas duas partis . . . . . . . . . partibus monasthirii placuit restaurare semileter antefa . . . . . . et expopondedit ut omni tempore, se alequa calumnia aut repeticionem quislib. . . . Madro. . .

# XIII.

*Placitum Chlotarii III, de lite inter ecclesiam Rothomagensem et monasterium S$^{ti}$ Dionysii versata*.*

Anno 659.

[Chlotarius, rex Francorum, vir inluster. Cum nos]....

[1] Vuarattone, Baseno, gravionibus, item Amalberto, Madelando, seniscalcis, et Vuaningo, comite palatii, resederemus, ibique in praesentia ....latione actores sancti aecclesie Rotominse adversus V.... —[2] ad sancta aecclisia Rotominse ... per eorum epistolas delegaverant post... tenerent indebete qui.... ab.... vel actores antedicti ....—[3] dicebant reddebere. Sed inquirentes eorum instrumenta, invenerunt quod illa porcio, hoc est de ipsa villa quod a....—[4] erat hoc Erchenoaldo quondam majorem-domus contulerat : et ipse Leudesius ligetemo ordene illa medietate ....habe... ad......... —[5] ordene prio..... inter se, sicut decet sacerdotes, cum caretate in raciones ad......... —[6] basileca inter se aequaliter devidere deberint. Quod et in praesenti taliter noscitur convenisse ........ ut ......... —[7].... omni mereto vel adjecencias suas, una cum terris, domibus, aedificies, m... pascuis vel omni........ —[8].... ad baselica domni Dioninse absque repeticione .... Audoino episcopo, vel successores suos ecclesiae Rotominse cu.......—[9]....... nomenante ...vis ... ipsa... loca mediaetate...... valeant possedere unde ut neutra pars......

* Papyrus.

# XIV.

*Charta Chrotildis pro fundatione Brocariensis monasterii*.*

Anno 670, die 10 Martii.

[1]. . . abluere et quid prudenciore consilium ut homo d. . . . . . . et terrena substancia transferat in caelestia, sicut . . . . . . .—[2]. . . preclara voce intonat : Tessauriciate vobis tesaurus in caelo, ubi nec fur efudiet, nec eruco rubigenat, nec tinia sulcat. Iggitur ego in Dei nomine Chrothildis. . .— [3], cogitans qualiter peccatorum meorum facinora possem abstergere et ad aeterna gaudia pervenire, lecit in cumptis pauperebus bene tribuendo potest a. . . . — [4] ma adebisci remedium : sed tamen, juxta quod scriptum est : Date elemosena, et omnia munda sunt vobis, precipui ad domesticis fedei ; et illud : Facite vobis [ami]— [5] cus de mammonae iniquitatis, qui vos recipiant in aeterna tabernacola ; et alibi : Beati pauperis spiritum, quoniam ipsorum est rignum caelorum ; nihelhomenus bonum est pro cun[cto] —[6] rum necessetatebus lebenter manum porregere ; sed ad tale bona maxime oportit substancia transagendi conferrere septam monastirie habetacionis [cons]— [7] truere, vel de aeterna tabernacola debiant ad beneficia rebus respondere, precipui ubi chorus sanctorum virgenum jugiter medetacionum carmena devot[a men]— [8] te Domino canuntur, in loco ubi decernit construere in quorum honore ditatur ipsorum ante Domino intercessio spiretur. Et ideo, in Dei nomine, et in honore sancti Mariae, gene[tricis] — [9] Domini nostri Ihsum Xpisti, et citherorum sanctorum, quorum pignora in ipso monastirio habentur inserta, in loco noncopante Brocaria, situm in pago Stampense, prope de fluviolo Urbia, [affl] — [10] ante Xpisto, monastirium puellarum devota mente decrivi fundare, ubi nepte mea Mummolam instetuemus abbatissam : ea vero racione ut, sub evangeleca et apostholeca trad[icione] — [11] et regola sanctorum patrum, perpetuis temporebus, ipsa et soccessoris earum, in loco tramete debiant vitam perfrui, et pro felicitatem regum vel statu aeclisiae, et pro animae [meae]— [12] reme-

* Membrana.

dium Domini mesericordia adtencius deprecare; et precipui ut nulla monacha in eodem monastirium quippiam peculiare presumat, sed sint illis omnia comunia. Ad [dictum] — [13] locum sanctum vel predicta congregacionem cedo, ad diae presente, et cessumque in perpetuo esse volo, et de jure meo in jure adque domenacione sancti Mariae et spunsarum Xpisti in prae — [14] dicto locum consestentis trado adque transfundo hoc est ipso agro Brogaria, in quo monastirio, Xpisto presoli, construxi, duas partis de ipsa villa, tam ex luctuoso, quam und[ique] — [15] ad nos pervinit, volemus ut proficiat; et medietatem de loco noncopante Pladano, sicut jam dixi, tam ex luctuoso quam undique ad nostra domenacione pervinit, [volu] — [16] mus ut ad ipso sancto loco debiat pervenire. Semeleter et locello cognomenante Funtaneto, quantum inibi ad presens, tam ex luctuoso quam undique mea regit [materni] — [17] tas, ct ad nos undecumque nuscetur pervenisse; dum inlustri vero Charichardo, se nos superstetis est, post nostrum opetum delegavemus, ut, dum advivit, hoc possediat, et post — [18] suum et nostrum discessum semeleter; et de ipso locello mediaetatem volemus ut ad ipso monastirio in antedicto loco debiat revertere, cum domebus, edificies, a[ccola] — [19] bus, mancipiis, vineis, campis, silvis, pratis, pascuis, aquis aquarumve decursebus, adjecencies, apendiciis, farinaries, gregis cum pastorebus, movele et inmovele utri — [20] usque sexus et omne meretum earum ad ipsa loca aspicientis, qualiter superius est intematum, ad ipsum sanctum monastirium proficiat perennis temporebus. Et hec omnia su — [21] perius conprehensa ad ipso sancto loco post nostrum transetum presentaleter revertatur. Et cum abbatissa ejusdem loci de hoc saecolum fuerit evocata, quem cuncta congregacio [un] — [22] animiter bene rigola conperta eligerint, in loco ipsius socessor instituatur. Et adhuc perpensavemus, pro ea oportunetate ut mercis nostra qualiter superius intemavemus, per — [23] petuis temporebus debiat proficiscere, de omnis res nostras quid in suprascripta loca in hanc pagenam deliberacionis, quem pro animae nostrae remedium delegavemus, quid [su] — [24] perest heredis nostri propinquioris adsumant; et se evenerit ei necessetas, quod in parte sua acciperit aligenare aliubi, non habiat pontefecium hoc faciendi, nisi — [25] ad illo rictore qui de ipso monastirio in suprascripto loco custos esse vedetur, ut inibi ad ipsa sancta congregacione in augmentis socedat. Et se alequa strumenta cartasve — [26] contra presentem deliberacionem, quam spontania volomtate, pro animae nostrae remedium, fieri rogavemus, venire timtaverent aut ostensas fuerint, nec eas feci nisi in su — [27] prascripto vero Charichardo, nec fieri rogavi; et se inventa fuerint, nullo modo obteniant vicorem : sed ubi et ubi ostensas aparuerint, vacuas et inanis permaniant. Si quis vero, quod futu — [28] rum esse non credo, si ego ipsa aut alequi de heredebus vel proheredebus meis vel quislebit oposeta persona contra presentem deliberacionem venire conaverit, iram sancti Trinetatis — [29] incurrat et a lemenebus sanctarum aeclisiarum excomunis pariat, et insuper inferat socio fisco auri liberas viginti, argenti pondo quinquagenta, et nec sic valiat vendecare quod — [30] repetit. Et se alequi de heredebus nostris, ad diae presente deliberacione nostra, quod divina piaetas nos facire conmonuit, infrangere voluerit, res quas de heredetatis nostrae — [31] ad ipsum pervenire potuerant, amittat, et predictum sanctum monastirium perveniant, et ibidem semper proficiat in augmentis, et hec deliberacio omne tempore firma et invio— [32] lata permaniat.—Signum † inlustris Deo devotae Chrothilde, qui hanc deliberacionem pro animae nostrae remedium fieri rogavemus, manu propria firmavemus.

[33] In Xpisti nomine Aggilpertus, ac si peccator episcopus, subscripsi. — [34] Signum † vir inluster Ermenrigo. † Vaningo subscripsi. † Ghislemarus rogetus subscripsi. † Ghiscoberthus subscripsi. † Gadroaldus peccator [subscripsi] — [35], Ecchardus rogitus subscripsi. Signum † Bettoleno. Ansoberthus subscripsi. Signum † Childebrando. Bertinus rogitus subscripsi. Signum † Chramnino. Rodobercthus rogetus subscripsi.— [36] Signum Gaeletramno. Mummolenus rogetus a suprascriptis subscripsi. † Ragneinnus subscripsi. Chrodecarius abba subscripsi. — [37] Signum † Guntrigo. Signum Aursino. Signum † Chrodobando. Signum † Echarigo. Signum † Erchenrigo. Signum † Mauroleno. Ursinianus subscripsi.

[38] [Datum] Morlacas vico publico, quod fecit minsis Marcius dies dieci, anno xvj regni domini nostri Chlotachariae gloriosissimi regis, Frigobertus, rogante et presente Chrothilde, scripsi et subscripsi.

---

# XV.

*Diploma Childerici II, quo Vipplesiacum villam monasterio S^ti Dionysii impertitur*.*

Anno 670, die 29 Julii.

Childericus, rex Francorum.

[2] Creator omnium Deus delectatur oblatione fidelium, licet ipse cunctis dominetur, sed vult ut quibus in presentis vite curriculo perplura de suis commiserit pauperibus — [3], monasteriis ceterisque necessitatem pacientibus, perplura, dum temporali fruuntur luce, inpendere pro ejus amore studeant, ut sic, post dissolutionem, pro senti sui visione cum — [4] electis gaudere in aeternum mereantur, et ut utiles et boni servi, quia super pauca fideles extiterunt, a Domino veniente supra multa constituantur. Unde ego Chil — [5] dericus Francorum rex, humane fragilitatis non inmemor volensque michi sedem in aeterna, dum tempus habeo, preparare, aecclesiam peculiaris patroni nostri domni Dyonisii, sociorumque — [6] ejusdem Rustici et Eleuterii, gloriosorum martirum, in qua multi antecessorum nostrorum requiescunt, nos quoque post deposicionem corporis sepeliri speramus, plurimis statuimus — [7] magnificare muneribus. Inter que precipue quandam villam, in pago Biturico sitam, Vipplesiacum nomine, cum aecclesiis novem numero in eadem villa existentibus, et mancipiis, et — [8] servis, et ancillis, terris, nemoribus, pratis, pascuis, aquis aquarumve discursibus, farinariis, ceterisque adjacentiis, pro salute majorum nostrorum et nostra, supradicte aecclesie et fidelibus inibi — [9] Deo devote famulantibus, et Aigulfo eidem presidenti aecclesie abbati, perpetuo jure largimur. Quatuor autem principales inter illas novem aecclesias habentur, una quarum, in honore sancti Sal — [10] vatoris constituta, regalis hucusque extitit capella, in qua nunc monachos, viginti numero, prefate venerabilis

* Membrana. — Hoc diploma apographum est; cujus et stylus et scriptura undecimum sæculum redolent.

basilice inponere ad Deo serviendum non displicuit. In alia siquidem beatissime Dei genitri — [11] cis et virginis Marie honore glorificata, canonici, nostro a pristinis temporibus predecessorumque regum juri mancipati inmorantur, quos esse suffraganeos et subjectos monachis amodo decrevimus, —[12] priore quidem eorumdem canonicorum, Frotario nuncupato, hoc maxime efflagitante, consensu sui capituli, et etiam archiepiscopo Bituricensi Roricio, venerabili boneque memorie viro, annuente ut canonici — [13] a regali eruerentur potestate, monachorumque ditioni subjugarentur. He quidem due nostri tantum juris erant; alias autem duas principales, alteram Sancti Petri, alteram Sancti Mar — [14] tini altaribus preditas, cum aliis quinque his acclinibus, Godinus, vir apostolicus Lugdunensisque episcopus, a regia tenebat majestate, sed nunc eas sponte sua supra nominatorum mar — [15] tirum monachorumque suorum, me annuente, concedit in perpetuum potestati. Ut autem cum summa devocione prefate aecclesie Sancti Salvatoris, nullis impedientibus exteriorum negotiorum sollicitudi — [16] nibus, monachi famulentur, in qua multorum continentur sanctorum reliquie, preclara quoque quam frequentissime interventu eorumdem efficiuntur miracula, damus eis integre que supra — [17] memoravimus, aliaque quamplurima eidem ville confinia, unde et victum vestitumque sibi conpetentem, tempore oportuno, sine aliqua molestia, habere valeant, et trecentos solidos — [18] annuatim sue majori aecclesie, ad eandem illuminandam, alacriter persolvant. Quod si quis presentis nostrae donationis auctoritatem adnullare vel irritam facere aliquo mo — [19] do violenter presumpserit, cujuscumque professionis nomine censeatur, tam de presenti quam de viventium terre stabilitate eliminetur, et cum reprobis infernalium suppliciorum — [20] infinitis miseriis exponatur. Verum ut stabilius et magis autenticum istud habeatur preceptum cartam, inde factam et palam proceribus nostris commendatam, nostro — [21] proprio sigillo confirmare et signare disposuimus.

[22] Signum Childerici incliti regis. † Signum Johannis episcopi Parisiensis. Signum Palladii Rotomagensis archiepiscopi. Signum Taurini archiepiscopi Senonensis. Signum Etherii Remensis archiepiscopi. — [23] Signum Silvini Silvanectensis episcopi. Signum Berte-

fredi Belvacensis episcopi. Signum Mummoli prefecti. Signum Gundoëni comitis. Signum Charimundi comitis.

[24] Data [die quar]to kal. Augusti, anno X regni nostri, Clypiacensi palacio, in Dei nomine feliciter. Amen. Heneas notarius scripsit.

---

## XVI.

*Præceptum Theodorici III, de Saocitho et aliis villis Chainoni, S^ti Dionysii diacono, concessis* *.

Anno 677, die 12 Septembris.

[1] Theudericus, rex Francorum, vir inluster.

[2] Merito illi nostri jovamen vel consolacione percipeunt, qui erga nostris partibus fedilis esse inveniuntur. Idioque — [3] cognuscat magnetudo seu utilitas vostra quod nus mansellus alicus, in loca noncopantis Saocitho, Muntecellis — [4] seu et Abniti, ubi Saxo servos commanire viditur, quem Detta, relicta Chrodoberctho quondam, in concambio de — [5] homene, nomene Eligio, nuscetur recipisse, vel de conparato ibidem habuit, venerabele viro Chainone diacono — [6] plina et integra gracia visi fuemus concessisse. Quapropter per hunc praeceptum specialius decer— [7] nemus ordenandum, quod in perpetuum volemus esse mansurum, ut antedictus Chaino, absque — [8] vestra aut cujuslibet contrariaetate, ex nostra indulgencia ipsus mansellus in suprascripta — [9] loca, sicut superius est insertum, quicquid ipsa Detta de concamio vel de conparatho, aut de — [10] qualibet contracto nuscetur habuisse vel possedissae, hoc ad integrum, cum quibuslibet — [11] beneficiis, habiat concessum adque indultum, vel in sua domenacione hoc dibiat recipere — [12] ad possedendum, et quicquid exinde facere voluerit, liberam in omnebus, cum Dei — [13] et nostra gracia, habiat potestatem. Et, ut haec auctoretas firmiorem obteniatur vigorem — [14], manus nostri subscripcionebus eam subter decrivemus roborare.

[15] In Xpisti nomene, Theudericus rex subscripsi. Droctoaldus jussus optulit.

(*Locus sigilli*).

* Membrana.

[16] Datum quod ficit minsis September dies xij, anno v rigni nostri, Marlaco, in Dei nomine feliciter.

---

# XVII.

*Diploma Theodorici III, de Chramlino, episcopo Ebredunensi, in synodo publica deposito*.*

Anno 677, die 15 Septembris.

[1] Theudericus, rex Francorum, viris inlustrebus Audoberctho et Rocco, nostris patriciis, et omnebus ducis seu comitebus, vel actorebus publi[cis.]

[2] Dum et episcopos de rigna nostra, tam de Niuster quam et de Burgundia, pro statu aeclisiae vel confirmacione pacis ad nos —[3] tro palacio Marlaco villa jussemus advenire, et aliqui ex ipsis, qui in infidilitate nostra fuerant inventi, per eorum can —[4] nonis fuirunt judecati : inter quos adfuit Chramlinus, filius Miecio quondam, qui aepiscopatum qui aepiscopatum (*sic*) Aebre —[5] duno civitate habuit, inventum est, quod sua praesumpcione vel per falsa carta, seu per revellacionis audacia, sed —[6] non per nostra ordenacione, ipsum aepiscopatum reciperat, eciam nec sicut eorum cannonis contenent ad ipsum benedicen —[7] dum solemneter episcopi non adfuirunt; unde Genesio, Chadune, Blidramno, Landoberctho et Ternisco, qui metropoli esse viden —[8] tur, vel reliqui quampluris episcopi ipsus judicantis, in nostri praesencia fuit conscissus adque de suprascripto epis —[9] copato aejectus. Ideo nus, una cum consilio suprascriptorum pontefecum vel procerum nostrorum, conplacuit quate —[10] nus, dum secundum cannonis in ipso senodale concilium fuerat degradatus, res suas proprias pertractavemus —[11] pro mercidis causa perdere non dibirit; sed quod exinde facere voluerit, una cum suprascriptus patribus nostris —[12], taliter praecipemus ut hoc licenciam habiat faciendi. Et postia peticio sua fuit

* Membrana.

ut ipsum in monasthyrio Sancti domini — [13] Dionisiae, peculiaris patruni nostri, ubi ipsi praeciosus in corpore requiescit, vel ubi Chardericus abba prae — [14] esse viditur, ut sub opidiencia vel sub regolare ordene diaebus vite sui conversare dibirit, et dum perpetuo exsilio — [15] fuerat judicatus, mesericordia muti, una cum consilio suprascriptorum pontefecum, peticionem suam vise fuimus priste— [16] tisse. Proinde per praesente praeceptum specialiter decernemus ordenandum ut res suas neque vos neque junioris seu soc — [17] cessoris vestri, nec quislibet contradicere nec minuare nec contangere nec infiscare non praesummatis, nisi per — [18] hanc auctoretati plinius, in Dei nomene, confirmatus liciat ei, per nostro permisso, res suas, ubi et ubi voluerit, donare aut dele — [19] gare, vel quicquid exinde facere voluerit, liberam et firmissemam in omnebus habiat potestatem. Etut — [20] haec auctoritas firmior habiatur, manus nostri subscripcionebus eam supter decrivemus roborare.

[21] ✝ In Christi nomene, Theudericus rex subscripsi. Aghilibertus recognovit.

(*Locus sigilli*).

[22] Datum medio minse September, annum v rigni nostri, Marlaco, in Dei nomene feliciter.

---

## XVIII.

*Placitum Theodorici III, de lite inter Acchildem et Amalgarium super villa Bactilione-Valle pendente* *.

Anno 680, die 30 Junii.

[1] Theudericus, rex Francorum, vir inluster.

[2] Cum ante dies in nostri vel procerum nostrorum presencia, Conpendio in palacio nostro [resideremus]; — [3] ibique veniens fimena, nomene Acchildis, Amalgario interpellavit dum dicerit — [4] eo quod porcione sua in villa noncobanti Bactilione-Valle, quem de parti genetri

* Membrana.

—[5]cis sua Bertane quondam ligebus obvenire debuerat, post se malo ordene reteni —[6]rit. Qui ipse Amalgarius taliter dedit in respunsis, eo quod ipsa terra —[7]in predicto loco Bactilione-Valle de annos triginta et uno, inter ipso Amalga — [8]rio vel genetore suo Gaeltramno quondam, semper tenuerant et possiderant. Sic eidem nunc —[9]a nostris procerebus ipsius Amalgario fuissit jodecatum, ut de novo denomenatus —[10] aput sex, sua mano septima, dies duos ante istas kalendas julias, in oraturio nostro, — [11] super cappella domni Martine, ubi reliqua sacramenta percurribant, — [12] hoc dibirit conjurare, quod antedicta terra in predicto loco Bactilione- — [13] Valle, inter ipso Amalgario vel genetore suo Gaeltramno, de annus trigin — [14] ta et uno semper tenuissint et possedissint, nec eis diger numquam fuissit, nec ali — [15] ut exinde non redebirit, nisi edonio sacramento. Sed veniens antedictus Amalga—[16]rius ad ipso placito Lusareca, in palacio nostro, una cum hamedius suos, ipso sacramen —[17]to, justa quod eidem fuit judicatum, et nostras equalis precepcionis locuntur, in quantum —[18] inluster vir Dructoaldus, comes palati noster, testimuniavit, ligibus visus fuit adimplissit, et tam—[19] ipse quam et hamediae suae diliguas eorum derexissint. Propteria jobimus ut ipsa porcio—[20] ne in predicto loco Bactilione-Valle, unde inter eus orta fuit intencio, memoratus —[21] Amalgarius contra ipsa Acchilde vel suis heridibus omne tempore abiat evinde —[22] cata. Odiinberthus recognovit.

(*Locus sigilli*).

[23] Datum sub die segundo kalendas Julias, annum vij rigni nostri, Lusareca, in Dei nomene feliciter.

---

# XIX.

*Præceptum Theodorici III, quo res ad usum monasterii S^ii Dionysii per totum regnum advehendas ab omni teloneo eximit*.*

Anno 681.

[1] Theudericus, rex Francorum, viris inlustrebus omnebus agentebus, tam presentebus quam et futu—[2] res. Decet regale climenciae ea que pro profectum aeclisiarum pertenit libenter prestare, et effectui, in Dei nomine, mancipare.—[3] Ideo cognuscat magnetudo seo utilitas vestra quod nus ad monasterio peculiaris patroni nostri domni Dioninsiae, ubi —[4] ipse preciosus in corpore requiiscit, ubi venerabilis vir Chardericus abba custus precesse viditur, tale beneficium vise fuimus —[5] concessisse de quantacumque carra, ubi pro oportunetate ipsius basilice, vel necessetate fratrorum, tam in Niustreco —[6] quam in Austrea vel in Borgundia ambolare aut discurrere videntur, tam carrale quam de navigale, nullus quis —[7] libet de judicibus nostris vel de tellonеariis nullo tilloneo de ipsa carra exigere nec requirire non presumatur.—[8] Quapropter per presentem decernimus hac jobimus preceptum et perpetualiter volomus esse mansurum,—[9] ut neque vos, neque juniores seo successures vestre, ne quislibet de judiciaria potestate acinctus, ipso tillo— [10] neo de omnia carra ipsius monastirie domni Dioninsi, tam carrale quam navigale, per regna, Deo propicio, —[11] nostra, tam in Niustreco quam Austrea vel in Burgundia, ubi et ubi, de ipso monastirio vel de ejus villas,—[12] tam ambolandum quam revertendum, perrexirent, nec per civitates, nec per castella, nec per portus, nec prop —[13] ter exitus, nec ubi et ubi, tilloneos exigetur; nec pontatico, nec portai[co], nec pulviratico, nec rodaco, —[14] nec salutatico, nec cispetatico, nec qualibet redebicione, quod exinde fiscus noster sperare potest, —[15] nullatenus quoque tempore requiratur nec exigatur,

* Membrana.

nisi omnia ex omnebus ad ipsa basilica — [16] domni Dioninsiae in ejus lumenarebus nos mercides conpendio valiat esse concessum adque — [17] indultum, et ibidem perpetualeter valiat proficire in augmentes.

[18] Rigulfos recognovit. (*Locus sigilli*).

---

## XX.

### *Diploma Theodorici III, de Latiniaco villa* *.

Ann. 690, die 30 Octobr.

[1] Theudericus, rex Francorum, vir inluster.

— [2] Dum et nobis divina pietas ad legitema etate fecit pervenire, et in solium rigni parentum nostrorum succidire, oportit nobis et condecit pro salute anime nostre cogitare dibiamus. Ideoque vestra cognuscat industria quod nos, — [3] pro salute anime nostre, una cum consilio ponteficum vel obtimatum nostrorum, villa noncopanti Latiniaco, que ponitur in pago Meldequo, qui fuit inlustribus viris Aebroino, Vuarattune et Ghislemaro, quondam majoresdomos nostros, — [4] et post discessum ipsius Vuarattune in fisco nostro fuerat revocata, nos ipsa villa de fisco nostro, ad suggestione precelse regine nostre Chrodochilde, seo et inlustri viro Berchario, majorem domos nostro, ad monasthirio Sancti — [5] domni Dionisiae, ubi ipsi preciosus in corpore requescit, et venerabilis vir Chaeno abba, cum norma plurema monachorum, ad laudis Xpisti canendas, in ordine sancto ibidem adunata preesse viditur, pro remedium anime nostri plena — [6] et integra gracia prepter rem illa, in loco qui dicitur Siliacos, qui fuit Arulfo quondam et ibidem usque nunc ad ipso Latiniaco aspexit, quem apostholico viro domno Godino episcopo per alia nostra precepcione concessemus; in reliquo viro — [7] ad integrum ipsa villa Latiniaco, ad ipso monasthirio domni Dionisiae ad die presenti visi fuimus concessissae. Quapropter per hunc preceptum nostrum decernemus ordenandum, et perpetualiter vo-

* Membrana.

lemus esse mansurum, — [8] ut ipsa villa superius nomenata Latiniaco, cum terris, domebus, mancipiis, acolabus, viniis, silvis, campis, pratis, pascuis, farinariis, aquis, aquarumve decursebus, peculiis utriusque genere sexsus, cum ad — [9] jecenciis, adpendiciis, vel reliquis quibuscumque beneficiis, omnia et ex omnebus, rem exquisita, sicut ad superscriptas personas fuit possessa, vel postia in fisco nostro revocata, cum omne integretate vel solede — [10] tate sua, ad se pertenentis vel aspicientis prepter suprascripta rem in Siliaco, qui fuit ipsius Arulfo vel jam dicto pontefici, per nostra precepcione concessemus : in reliquo viro predicta villa Latiniaco ad inte — [11] grum, sub emunetatis nomine, absque introitus judicum, memoratus Chagno abba ad parte predicti monasthiriae suae Sancti Dionisiae per hanc nostram cessione, in lumenarebus ipsius basilici, habiat con — [12] cessa adque indulta : et deinceps in postmodum nec de parte de fisci nostri, nec ad quemcumque libet persona, nec per strumenta cartarum, nec per quolibet ingenium, ipsa villa de ipso monasthirio — [13] nullatenus abstraatur nec auferatur ; sed, sicut superius dixemus, pro nostra mercide ibidem in perpetuo, in Dei nomine, proficiat in augmentis : quo fiat ut et nobis ad mercidem perteniat, et ipsis servis — [14] Dei, qui ibidem deservire vidintur, delectit pro anime salutem vel rigni nostri constancia adtencius Domini meserecordia deprecare. Et, ut hec precepcio cessio nostra firmior habiatur, et melius — [15] per tempora conservitur, manus nostri subscripcionebus subter eam decrivemus roborare. Vulfolaecus jussus optolit.

[16] † In Xpisti nomene, Theudericus rex subscripsit.

(*Locus sigilli.*)

[17] Dat sub die tercio kalendas Novembris, annum xvj rigni nostri, Conpendio, in Dei nomine feliciter.

## XX *bis.*

*Fragmentum epistolæ pro S. Dionysio* *.

Absque not. chronol.

[1] . . peculiaris patroni nostri . . . . . mencia rign . . os. . co. . .is nostri — [2] . . ctum ad. . .sancta baseleca delega . . . . . . . .quidquid . . . . . . . . .epistola — [3] . . . . . . . . . erenca domini Diuninse ad peticionem ipsius. . . .devocionem — [4] duos so. . . .nostro. . . . nientis . . . . moratus — [5] . . ut. . . . ejus epistola. . . . . . . . . per hanc aut — [6] . . . . . . . . edixsemus rem . . . . baseleca . . . . . . . . . nullas — [7] gna. . . . roborare. . . . . .

---

## XXI ET XXII.

*Testamentum quo filius Iddanæ, Chramnethrudi uxori suæ, S. Dionysii ecclesiæ et aliis, legata assignat* **.

Anno 690.

[1] . . . . . . que decerno ut juxta dispensationem meam , si quid dedero, legavero, — [2] darive jussero, id ut detur, fiat, pristetur, fi dei tuae devocioneque committetur ; — [3] quasque liberos liberasque esse precipero, liberae liberaeque permaneant vo. . . . — [4] que sanctas basilecas villa Sociaco et villa Porcariorum , que sunt in pago Vilcas — [5] sino, similiter et vilare Binando in pago Pinisciacinse, et villa Ghinnacha — [6] rio , quod jam vobis per aepistolas donacionis dedi, ipsa villa Ghinnachario, dul — [7] cissime genetricae nostrae Iddane, husufructo, dum advixerit tantum, — [8] suprascribta villa Ghinnachario possedeat ; post obetum virum suum — [9] . . . . . . . . ad

* Papyrus. — ** Papyrus, in cujus aversa parte charta Landerici Parisiensis episcopi , de immunitatibus monasterio S. Dionysii ann. 652 concessis, legitur; apographum scilicet circa annum 862 exaratum, quo enim anno a Ludovico S. Dionysii abbate in concilio Pistensi, ut vero simile est, fuit exhibitum.

. . . . . . . . . . . . . . . — [10] gre revertatur. Simile modo vilare Vuarnaco, que est in pago Vilcassino, por — [11] cionem meam ad jam dictas basilecas, cum omni solidetate, haben — [12] dum et possedendum relinco. Villa Favariolas, que est in pago Ebrocino — [13] super fluvium Siega, cum omni jure et termeno suo, sicut a me praesenti tem — [14] pore posseditur, ad ipsas basilecas, post obetum meum, habendum et posseden — [15] dum praecipio. § Villa Castanito, in pago Stampinse, simile modo, et villa — [16] Lecturico, in pago jam dicto Stampensi, quam una cum Herone et matronae — [17] suae cummutavi, cum omni jure eorum, cum mancipiis, peculiis, agris cultis — [18] et incultis, vel adjacentias eorum, habendum et possedendum instituo. — [19] Haec omnia suprascribta in integretate, villas ipsas cum domebus, manci — [20] peis, vineis, silvis, pratis, peculiis omnebus, pascuis, aquis aquarumve decursebus, — [21] cum omni jure et termenus eorum, sicut hec a me praesenti tempore possedire — [22] et domenare viditur, et quantumcumque in supra nomenata loca moriens dereliquero — [23] post meum discessum, absque ullius contrarietate vel tradicione, a diae praesenti, — [24] ipsas sanctas basilecas herides meas habendum et possedendum relinco, et hoc, — [25] dum advixero, husufructuaria condicione, et absque praejudicio sanctarum basilecarum — [26] tenire et domenare dibeant post meum discessum, ut saepae dixi, cum omne — [27] bus rebus in se habentes, absque ullius spectata tradicione, ipsas sanctas — [28] basilecas et heridis meas ad se recipeant, et quidquid exinde ipse abbas, qui tunc — [29] temporis ibidem fuerit, pro hutiletatebus memoratarum basilecarum de — [30] criverit, faciendi liberam et firmissemam, Xpisto praesolae, habeatis in om — [31] nebus potestatem. § Basilecae Sancti domni Dionisi Parisius, ubi ipse domnus — [32] requiiscit, villare cognomenante Turiliaco, in pago Vilcassino, super fluvium — [33] Tytine, cum domebus, mancipeis, agris, pratis, pascuis, silvis, aquis aquarumve — [34] decursebus, cum omni jure et termeno suo, habendum et possedendum relinquo. § — [35] Villa cognomenante Artegia, que est in suprascribto pago Velcassino, cum dome — [36] bus mancipeis, agris, pratis, pascuis, silvis, aquis aquarumve decursebus, cum omni ju — [37] re et termeno suo, sicut a me praesenti tempore possidere et domenare videtur, —[38] et moriens dereliquero, cum peculiis omnebus, dulcissime atque amantissimae con — [39] juge meae Chramnethrude habire decerno ac delibero. § Sacratissemo fisco vil — [40] la cognomenante Vuadreloci, sitam in pago Velcassino, cum domebus,

---

## XXII.

### *Testamenti pars altera.*

[Man][1]cipeis, silvis, agris, pratis, pascuis, aquis aquarumve decursebus, cum omni jure — [2] et termeno suo, sicut a me est possessum, et moriens dereliquero, cum peculiis omne — [3] bus, habire decerno. § Illud huic testamenti mihi inserendi conplacuit, ut quos — [4] de servientebus meis per aepistolam ingenuetatis laxavi, in integra ingenuetate — [5] resedeant; tamen secundum quod eorum aepistolas loquetur, et pro animae meae reme — [6] dium, et lumen praeferendūm ad basilicae vestrae Sancti Martini, que vestro opere et labore — [7] in villa Chrausobaco, qui nuncopatur Calciacus, construxistis, vel locum saepulturoli — [8] meae si fuerit an non fuerit, in qua germani meae requiescunt, hoc quod a saepe dic — [9] tas basilecas dilegavi per hunc testamentum meum, et ubi et ubi, perpetualiter pos — [10] sedendum, in Dei nomine, prumpta et integra voluntate precipio, et ha — [11] bendum possedendumque relinquo. — § Ita do, ita lego, ita testor, ita. . . . . — [12]. . . . munium tanti citeri citeraeque proxemi . . . — [13] proximaeque. . . . . . habetote. Si quae literæ vel caraxaturae in hunc testamentum meum — [14] inventi fuerint, ego feci fierique praecipi, dum mihi saepius testamentum meum — [15] volui recensire et crepius emendare. — § Et si quis contra hanc deliberacionem, — [16] ut sanctis baselices dilegavi, infrangere, tollere, minuare, aut . . . . . . . — [17] praesumpserit, inferri. . . . . . ecclesiarum efficeatur extraneus — [18] et in perpetuo anathema percuciatur, et maledictus cum Juda Scarioth in infernus — [19] inferiori, usque ad diem adventus Domini nostri Jesu Xpisti, ignem cruciandus. . . . . . . et judicium, — [20] et insuper, ut lex terrena aedocet, duplum tantum, fisco cogente, sanctis basilecís dissolvat,—[21] sicut propheta decantat : Fiat habetacio eorum infestatorum deserta, et in taber — [22] nacolis ipsorum non sit qui inhabitet; fiant fili ejus orphani, et a Deo libra percussi; fiat —[23] uxor ejus vidua, ut cognuscatur potencia Dei, qui talem tribuit vindicta ut pro pa — [24] nem lapides manducet. Et haec devocio nostra absque consorcio pontefices in ipsa —[25] loca sanctorum firma perduret; et sicut de presentis temporebus istis videmus multis inrum — [26] pere facta priorum, ut melius devocio nostra confirmitur, adjuro omnebus domnis — [27] episcopis et glorioso principe et cunctis sacerdotebus. . . . . . . Deum viro qui in trinetate insepa — [28] rabilem permanet, ut nullus cum illa persona, que volontatem nostram aut deliberationem — [29] efrangere voluerit, communecare non praesumat; sed inde jocis suas communecare — [30] . . . . . . . . . paecc. . . . . . . . — [31] solvat et ipse incurrat iram indignationis Dei, et aput ipsa loca —[32] . . . . . . se esse cognoscat. . . . . . — [33]. . . . . loca . . . sanctorum firma perduret tamquam. . . . — [34]. . . . . an non fuerit, cum omni stabiletate, omni tempore firma permaneat, —[35] stipulacione interposita. Actum Artegia villa, pago Velcassino, sub die et anno — [36] quo supra.

[37] . . . . , audientico vidi exempla, subs. . . . . .

[38] † Thorrias, autenteco vidi exemplare, subscripsi. † Medualdus. . . . . . . .

[39] † Bodolenus, audentico vidi exemplar, et subscripsi. . . . .

---

## XXIII.

*Charta commutationis factæ inter Landeberchtum et Magnoaldum abbates de villis Francorecurte et Rocconcurte*.*

Anno 691.

— [1] . . . . . Quociens de cummutandis rebus fuerit orta contencio, necesse est perenne stabiletatem scripturarum. . . . — [2] in Deo. . . .

* Papyrus, in cujus aversa parte fragmentum bullæ legitur.

caretatem, stantes idio placuit adque convenit inter venerabilibus viris Landeberctho. . . . .—[3] nec non et Magnoaldo abbate de monasterio Tucione-Valle, ab invicem inter se terrolas arabelis. . . . . .—[4]. . . . quod et ficerunt. Dedit igetur. . . Landebercthus abba . . . . propria in pago Pinsiacinse de parte sua. . . . . . . parte —[5] Magnoaldo abbate bunoaria novem in loco noncopante Francorecurte inter adfinis de uno latere antedictus Magnoaldus abba de. . . . . . —[6]. . . de. . . . hramninus. . sem. . . —[7]. . . . bas. . . . sue in loco noncopante Rocconcurte. . . . . . . . appellatur cam. . . . . . . ad parte. . . . . . . .—[8] terra arabeli buonaria novem, inter adfinis de uno latère Chrodomarus et heridis sui; et de alio latere Magnoaldus, —[9] et heridis sui; de uno fronte Godinus et heridis sui; et de alio vero fronte Magnoaldus abba. Propteria —[10] . . . . . inter utrasque partis eis fieri placuit, ut unusquis quod accipit in antedicta loca rem denomenata —[11] facere voluerit, liberam et firmissemam in omnebus habiat potestatem faciendi, et illud inter ipsis pro rei. . . . . . . —[12] intemare. Si quis, nosmet ipsi aut alequis de heridebus vel successorebus nostris aut quislibit e m . . . . . —[13] presentes epistolas conmutacionis venire, aut eas quacumque modo refragare presumpserit. . . . . . valiat vindi—[14]. . . . . parte ista tota servante quod accipit, pares. . . amittat, et insuper, una cum socio fisco, auri oncias. . . . . . —[15] quoactus desølvat, et quot repetit vindegare non valiat, et presens aepistolas conmutacionis uno tenore. . . . . . —[16] unus quis suam habiat eis fieri plac . . . . . . . . . . . omni tempore firmas et inviolatas permaniant, stipolacione subnexsa. Actum Claumar. . . . . . .

[17] . . . . . . —[18] In Xpisti nomine Landebercthus abba cummutacionem a me facta subscripsi.

[19] † Malgoaldus presbyter subscripsi. † Bertinus rogitus subscripsi. † Fladebertus presbeter subscripsi.

[20] † Berthefredus in Xpisti nomine diaconus subs. . . . . † In Xpisti nomine Remedius presbyter subscripsi. † Madolandus in Xpisti nomine abba subscripsi. Nagho. rogitus subscrips.

[21] † In Xpisti nomine Andolno rogitus subscripsi. † Ingobertus lictur subscripsi.

[22] † Childela ...... testis. Sign. † Unneleobo testis. Sign. † Saulfo testis.

[23] † Leudeberсthus hanc commutacionem, jubente domno meo Landeberctho abbate, scripsi et subscripsi.

---

## XXIV.

*Placitum Chlodovei III, de Malcha, Chidulfovilla, Buxsito et aliis villis* *.

Anno 691, die 12 Augusti.

[1] Chlodovius, rex Francorum, vir inluster.

[2] Cum in nostri vel procerum nostrorum presenciam venerabelis vir Chrotcharius, diaconus, Chuneberсto interpellavit, —[3] dum dicerit : qod loca noncobantis Malcha, Childulfovilla, Buxsito, Bacio superiore et Bacio supteriore, quem an —[4] tecessur suos Boso qondam eidem per vindicionis titolum fermaverat, vel per sua precaria possidit, —[5] malo ordene contradicerit, vel post se retenerit. Qui ipsi Chuniberсthus dedit in rispunsis : ut cum [6] — ipso Chrotchario de ipsa loca in racionis fuissit et ei exinde postia precium dedissit, et sua voluntati [7] — exinde satisfecissit, et tali extromento memoratus Chrotcharius ei ob hoc ficissit vel fermassit — [8] qod nulla repeticione de ipsa loca contra eiodem facere non deberit, sed omne tempore contra ipso —[9] Chrotchario exinde ductus et securus resedirit. Sic et a proceribus nostris, sicut inluster vir Anso —[10] aldus, comis palati noster, testimuniavit, fuit judecatum : ut memoratus Chuneberсthus ipso —[11] extromento in noctis quadraginta, qod evinit ubi ficerit proximus minsis september dies viginti, — [12] in nostri presenciam dibiat presentari. Quod et ita per fistuca visus est achranmisse, se hoc facere potuerit, eorum in — [13] ter se in antea ligalis deducant racionis ; sin autem non potuerit, qod

* Membrana.

lex de tali causa edocit exin — [14] de susteniat. Unde ei talis precepciones eis ex hoc ficere et acciperi jussemus [15].

Abthadus recognovit. (*Locus sigilli.*)

[16] Datum qod ficit minsis Agustus dies xij, anno primo rigni nostri, Captunnaco feliciter.

---

# XXV.

*Placitum Chlodovei III, de lite inter Chainonem, abbatem S. Dionysii, et Ermenoaldum abbatem, pendente*.*

Anno 692, die 5 Maii.

[1] Chlodovius, rex Francorum, vir inluster.

[2] Venientis agentis basilice domni Dionisii, ubi ipsi preciosus domnus in corpure requiiscit, — [3] et venerabilis vir Chaino abba preesse viditur, Noviento, in palacio nostro, nobis suggesserunt eo qod — [4] itemque venerabili viro Ermenoaldo abbati, ante hus annus, vuaddio pro olio milli quingentas — [5] liberas, et vino bono modios cento, pro Anseberctho episcopo ipsi Chaino abba ei conmendassit; — [6] et taliter ipsi Ermenoaldus spondedisset ut hoc ei dare et adinplire debirit, et hoc menime — [7] ficisset. Unde et ante dies, per eorum noticias paricolas, ante domno Sygofrido pontefeci placita — [8] inter se habuerunt, ut, medio minse Aprile jam preterito, ipsi Ermenoaldus abba apud tris homenis, — [9] sua mano quarta, ante ipso pontefeci, aut hoc conjurare debirit, quod ipso vuaddio de mano memo — [10] rato Chainone abbati numquam adchramissit nec hoc ei dare et adinplire spondedisset, qod — [11] se menime faciebat, argento liberas dece ad ipso diae ei dare debirit. Quod se hoc non faciebat, — [12] postia, istas kalendas Madias jam preteritas, ante nus debirint conjungire, et, inspectas eorum — [13] noticias, eorum inter se de ac causa debirint deducire racionis. Unde et, per ipsas eorum noticias — [14] paricolas, taliter inter se placitum habuerunt initum. Sed

* Membrana.

venientis ad eo placitum ipsi agentis — [15] jam dicto abbati, Noviento, in ipso palacio nostro, per triduo seo per pluris dies, ut lex habuit, placitum — [16] eorum vise sunt custudissent, et ipso Ermenoaldo abbati abjectissent vel solsadissent; ipsi nec — [17] vinissit ad placitum, nec misso in vice sua derixsissit, nec nulla sonia nunciassit adfirmat. — [18] Proinde nus taliter, una cum nostris procerebus, constetit decrivisse ut se evidenter per eorum — [19] noticias paricolas taliter inter se pro ac causa placitum habuerunt initum. Et inluster vir Vuarno, comis palacii — [20] nostri, testimuniavit quod memorati agentis jam dicto Chainone abbati placitum eorum ligebus custu — [21] dierunt, et suprascriptus Ermenoaldus abba placitum suum custudire neclixsit. Jobemmus ut, quic — [23] quid lex loci vestri de tale causa edocit, memoratus Ermenoaldus abba partibus ipsius — [23] agentibus ad parte suprascripti Chainone abbati vel basilice sui domni Dionisii, omnemodis vobis distrin — [24] gentebus, conponire et satisfacire non recusit.

[25] Aghilus recognovit.

[26] Datum quod ficit minsis Madius dies quinque, anno secundo rigni nostri, Noviento, in Dei nomene feliciter.

---

## XXVI.

*Præceptum Chlodovei III, quo monasterium S. Dionysii ab omni teloneo eximit*.*

Anno 692, die 5 Junii.

[1] Chlodoveus, rex Francorum, vir inluster.

[2] Dum ante hus annus proavus noster Dagobercthus, condam rex, — [3] solidus cento eximtis de Massilia civetati, sicut ad cellario fisci potu — [4] erant esse exactati, ad basileca peculiaris patroni nostri domni Dionisii, ubi — [5] ipsi preciosus in corpure requiiscit, et venerabilis vir Chaino abba preesse — [6] viditur, per sua precepcione

* Membrana.

concessissit, et parens noster Sygeberethus, seo et —[7] habuncoli nostri Chlotharius et Chyldericus, eciam et genetur noster Theude—[8]ricus, condam rigis, per eorum precepcionis hoc ibidem dinuo concesserunt—[9] vel confirmaverunt; et taliter in ipsas precepcionis videtur habire insertum —[10] ut, tam in ipsa Massilia quam et per reliqua loca in rigna nostra, ubicum— [11] que, telleneus, portaticus, pontatecus, rotatecus, vel reliquas reddebu— [12]cionis a judicebus publecis exigebatur de carradeci qui hoc inferrire vidin—[13] tur, ad missus ipsius basileci nullatenus requereritur nec exegiritur, nisi hoc[14]—in omnebus, annis syngolis, habirent concessum. Ideo per presenti urdenacione — [15] vobis omnino jobemmus adque super omnia demandamus ut, quomodo missi—[16] ipsius basileci domni Dionisii vel memorato Chaenone abbati ad vos vine —[17] rint, ipsus soledus cento exemtis, secundum consuetudinem, in cellario [18], — absque ulla mora vel delacione, juxta quod urdo cadaboli fuerit, — [19] eis omnemodis dare et adinplire faciatis : et de ipsa carradeci qui hoc[20] —inferrire vedintur, nec in ipsa Massilia, nec per reliqua loca in rigna, Deo — [21] propicio, nostra, nullo telleneo, nec portatico, nec pontatico, nec rotati—[22] co, nec nullas reddebucionis, nec vos, nec junioris vestri nec quislibet—[23] de parte fisce nostri, requerire nec exactare penetus non presumatis [24].—Vidite ut aliud ob hoc non faciatis, se gracia nostra optatis habire propicia.

[25] Aghilus jussus recognovit. (*Locus sigilli.*)

[26] Datum qod ficit minsis Junius dies quinque, anno secundo rigni nostri, Noviento, feliciter.

---

## XXVII.

### *Placitum Chlodovei III, de villa Nocito* *.

Anno 692, die 1 Novemb.

[1] Chlodovius, rex Francorum, vir inluster.

[2] Cum nus, in Dei nomene, Lusarca in palacio nostro, una cum apos-

* Membrana.

tolecis viris, in Xpisto patrebus nostris,—[3] Sygofrido, Constantino, Gribone et Ursiniano, episcopis ; necnon et inlustribus viris, Ragnoaldo, Nordeberctho, Ermenfri —[4] do optimatis; Madelulfo, Erconaldo, gravionebus ; necnon et Benedicto et Chardoino, seniscalcis ; seu et Marsone—[5], comite palati nostro, ad universorum causas audiendum, vel ricto judicio termenandum resederimus; ibique —[6] veniens venerabelis vir Chaíno, abba de basilica peculiaris patroni nostri domni Dionisii, ubi ipse preciosus —[7] in corpure requiescit, adversus inlustris Deo sagrata Angantrude, filia Ebrulfo, relicta Ingoberctho quondam, sug —[8] geribat, dum dicirit eo quod villa nuncopanti Nocito, sitam in pago Camiliacinse, cum omni merito vel adje —[9] cencias suas, ad se pertenentis vel aspicientis, quicquid ipse Ingobercthus vel memorata Angantrudis, tam de —[10] alote parentum quam de conparato vel de qualibet adtractum, ibidem tenuerunt vel possiderunt, per suum stru —[11] mentum, ipsius abbatis in integritatem firmassit. Unde et ipso strumentum seu et precarium, per quod ipsa Angantrudis —[12] per beneficium ipsius abbatis hoc possedibat, in presentem ostendedit religendas eas relictas. Sed , dum memora—[13] ta Angantrudis ad presens aderat, interrogatum ei fuit se ipsa villa Nocito memorato Chainone abbati vel ad partes —[14] basileci sui Sancti Dionisii firmassit, aut se autur exinde adesse volibat? Sed ipsa Angantrudis in presenti taliter fuit —[15] professa : quod memorata villa Nocito, una cum omne merito vel adjecencias suas ad se aspicientis vel pertinentis, —[16] quantumcumque ipsa vel jogalis suos Ingobercthus de qualibet adtractum ibidem tenuerunt vel possiderunt, —[17] memorato Chainoni abbati vel basileci sui Sancti Dionisii per ipso strumentum firmasset; et ipso strumentum vel precarium —[18] ob hoc fieri rogassit ; et autur contra quemlibet exinde aderat, et in antia adesse disponibat. Proinde nus taliter, una cum —[19] nostris procerebus, constitet decrivisse ut , dum inluster vir Marso, comis palati nostri, testimuniavit quod ac causa —[20] taliter acta fuissit denuscitur , jobemmus ut memoratus Chaino abba, vel pars basileci sui Sancti Dionisii, ipsa —[21] villa Nocito, una cum omnem merito vel integritate sua, inspecta ipsa strumenta, sicut per ipsas declaratur, —[22] absque repeticione memorata Angantrude vel suis heridebus, omne tempure habiant evindegatas; —[23] et se ipsius Chainone abbati vel successorebus suis seu agentis basileci in antia fuerit necessitas, memorata [24] — Angantrudis vel heridis sui in auturicio eum exinde contra quemlibet studiant definsare.

[25] Chlodoinus recognovit. (*Locus sigilli.*)

[26] Datum sub die kalendas Novembris, anno secundo rigni nostri, Lusarca, in Dei nomene feliciter.

---

## XXVIII.

*Placitum Chlodovei III, de loco Baddanecurti in pago Belvacensi*.*

Anno 693, die 28 Februarii.

[1] Chlodovius, rex Francorum, vir inluster.

[2] Cum nos, in Dei nomene, Valencianis, in palacio nostro, una cum apostolicis viris, in Xpisto patribus nostris, Ansoaldo, Godino,—[3] Ansoberctho, Protadio, Savarico, Vulfochramno, Chaduino, Turnoaldo, Constantino, Abbone, Sterano, Gribone, episcopis; seu et inlustribus—[4]viris Godino, Nordoberctho, Sarroardo, Ragnoaldo, Gunduino, Blidegario, Magnechario, Vualdramno, Ermechario, Chagnerico, Buc —[5] celeno, Sigoleno, optematis; Angliberctho, Ogmirectherio, Chillone, Adreberctho, Adalrico, Ghislemaro, Jonathan, Modeghiselo,— [6] comitebus; Chrodmundo, Godino, Sigofrido, Ghiboino, Ermenteo, Madlulfo, Arigio, Auriliano, grafionibus; Raganfredo, Maurili — [7] one, Ermenrico, Leudoberctho, domesticis; Vulfolaico, Aiglo, Chrodberctho, Vualdramno, referendariis; Chugoberctho, Landrico,—[8] seniscalcis; necnon et inlustri viro Audramno, comite palacii nostro, vel reliquis quampluris nostris fedilebus, ad universorum —[9] causas audiendas vel recta judicia termenanda resediremus; ibique veniens venerabilis vir Chrotcharius diaconus, in causa — [10] Ingramno orfanolo, filio Chaldedramno quon-

* Membrana.

dam, ordenante inlustri viro Nordeberctho, qui causas ipsius orfa nolo, per nos — [11] tro verbo et praecepto, videtur habire receptas, adversus homene nomene Amalberctho repetibat, dum dicerit eo qod — [12] locello noncupanti Baddane-curte, super fluvium Marso, qui fuit ipsius Chaldedramno genitore, praedicto Ingramno — [13] malo ordine post se retenuit. Unde et per nostras equalis praecepcionis pluris placeta inter se pro ac causa habuerunt — [14] initas, aeciam et ad praesens ad dies quinque ante istas kalendas Marcias, per alias nostras equalis praecepcionis, memmo — [15] ratus Chrotcharius apud ipso Amalberctho de ac causa placitum habuit initum. Sed veniens ad eo placeto praedictus — [16] Chrotcharius Valencianis, in ipso palacio nostro, et dum placetum suum ligebus custodibat, vel ipso Amalberctho subsadibat, — [17] sic veniens ex parte filius ipsius Amalberctho, nomene Amalricus, subsadina sua contradixissit : et dum exinde in nostri vel — [18] suprascriptis viris praesencia in racionis adstabant, interrogatum fuit ipsius Amalrico, dum ipsi genitur suos per nostras e— [19] qualis praecepcionis placitum apud ipso Chrotchario habibat initum quo ordine in ac causa introire volibat? Sed ipsi Amal — [20] ricus nulla evidenter potuit tradire racionem qualiter in ac causa structus advenissit, nisi inventum fuit quod contra racionis — [21] ordinem ipsa subsadina contradixissit vel in ac causa introissit. Sic ei fuit judecatum, ut in exfaido et fredo solidos — [22] quindece pro ac causa fidem facere debirit; quod ita et in praesenti per fistuca visus est ficisset. Postia memmoratus — [23] Chrotcharius per triduum, aut fer amplius, placitum suum, ut lex habuit, custodissit, et ipso Amalberctho abjectissit — [24] vel subsadissit, ipsi Amalbercthus nec venissit ad placitum, nec ipso mundeborone suo inlustri viro Ermechario, quem — [25] per ipsas praecepcionis habuit achramitum, nullatinus praesentassit, nec nulla sunnia nonciasse adfirmat. Proinde — [26] nos taliter, una cum nostris proceribus, constetit decrevisse: ut, dum suprascripti viri renonciaverunt, aeciam et prae — [27] dictus vir Audramnus suum praebuit testimonium qod ac causa taliter acta vel judicata seu definita fuissit denusci — [28] tur, jubimus ut antedictus Amalbercthus ipso locello Baddane-curte, quicquid ibidem ipsi Chaldedramnus visus fuit — [29] tenuisse, vel moriens dereliquisse, cum omni integritate sua vel ajeciencias, sicut ab ipso Chaldedramno fuit [30] — possessum, cum ligis beneficium memmorato Chrotchario ad partes suprascripti Ingoramno omnimodis reddire — [31] et satisfacere non recusit, ita ut praesenti die ipso locello praedictus Chrotcharius ad parte ipsius Ingramno — [32] omni tempore habiat evindecatum adque elidiatum : et quicquid de fructa aut paecunia, vel reliqua rem — [33] quod dici aut nomenare potest, de ipso locello ipsi Amalbercthus aut mithius suos exinde abstraxit — [34] vel minuavit, de quod Chaldedramnus moriens dereliquid, hoc cum ligis beneficium semiliter reddere studiat, — [35] et sit inter ipsis ex ac re in postmodo subita causacio ; et ipsos solidos dece, quod antedictus Amalricus ad — [36] partes ipsius Chrotchario fidem ficit, hoc ei omnimodis conponire et satisfacere non recusit. (*Locus sigilli.*)

[37] Walderamnus recognovit.

[38] Datum pridiae kalendas Marcias, annum tercio rigni nostri, Valencianis, in Dei nomine feliciter.

---

# XXIX.

## *Præceptum Childeberti III, de Napsiniaco villa* *.

Anno 695, die 13 Decemb.

[1] Childeberthus, rex Francorum, vir inluster.

[2] Creatur omnium Deus delectatur oblacione fedilium, licet ipsi cunctis domenatur; sed vult ut quod dedit in omnem potestatem ejus climencia dibeat. . . . . dire precipui saecoli divetis, ut quantum amplius vidintur — [3] possedire, tantum magis oportit inpendire. Idioque cognuscat magnitudo seu hutilitas vestra, quod nos villa noncopanti Napsiniaco, in pago Bitorico, cum omni merito vel adjecencias suas, quem apostholicus vir domnus Godinus, Lugduninsis — [4] urbis episcopus, de parti aecclisiae suae, pro alia villa nun-

* Membrana.

copanti villa Orbana, tempora bone memoriae germano nostro Chlodovio, condam rige, ad parti fisci, in conmutacionis titulum, visus fuit dedisse, et postia de fisco inlustri viro Pannichio fuit concessum, — [5] et post discessum predicto Pannichio ad parti fisci nostri fuit revocatum, hoc ad basilica pecoliaris patroni nostri domni Dionisii, ubi ipsi praeciosus domnus in corpure requiescit, vel ubi venerabelis vir Chaino abba preesse veditur, plina et integra — [6] gracia, pro mercidis nostre augimentum, visi fuimus concessisse : et congregacio ibidem consistencium soledus docentus, quod de sacello publico annis singolis ibidem fuit consuetudo in alemunia vel in lumenarebus ipsius sancti loci de palacio dandi, seu — [7] et solidus cento eximtis, quod de Massilia civetati judecis publeci ad missus ipsius basileci consuetudidem habuerint dandi, pro eo quod ipsa villa firmissimo jure pars ipsius domni Dionisii perenniter debirent possidire, ad parti fisci nostri re — [8] laxsassint. Idio per presentem precepcionem decernimus urdenandum, quod in perpetuo volemus esse mansurum, ut neque vos neque junioris, seu successoris vestri, nec quislibet, ipsa villa Napsiniaco, cum adjecencias suas, vel quod ibidem aspicire — [9] vedintur, de quicquid pars ecclesiae Lugduninsis civetatis ibidem possidet, vel in conmutacionis titulum pro ipsa villa Orbana fuit ad partem fisci conlatum et ipsius Pannichio fuit concessum, vel hoc moriens dereliquid, et ad fisco nostro fuit — [10] revocatum, nihil exinde contradicere, nec de parti ipsius domni Dionisii minuare, nec abstrahire, nec nulla calomnia ob hoc generare penitus non praesumatis, nisi predicta villa Napsiniaco, cum omni merito vel integritate sua, hoc est terris, domebus, — [11] edificiis, accolabus, mancipiis, viniis, silvis, campis, pratis, pascuis, paecoliis, praesidiis, aquis aquarumve decursibus, farinariis, vel reliquis quibuslibet benificiis utriusque genere, sexsus, rem exquisita, quicquid dicere aut nomenare po — [12] test, memoratus Chaino abba, aut successoris sui, vel pars predicti basilici domni Dionisii, aut congregacio ibidem consistencium, ex nostro munere largetatis, omni tempure, sub emunetatis nomine valiat esse concessum adque indulthum; ita ut, dum ipsa — [13] congregacio volomtario urdine ipsus solidus docentus, quod de saccello publico, seu et ipsus solidus cento eximtis, quod de ipsa Massilia, annis singolis, in lumenarebus vel in alimonia consuetudinem, juxta quod anterioris rigis — [14] hoc ibidem cinsiverunt, habuerunt recipendi; pars fisci nostri ipsus solidus trecentus in saccello nostro, perennis temporebus, debiant recipire, et ubi fuerit jussum debiant dispendire, et nulla reclamacio nullo umquam tempore de parti — [15] ipsius basileci domni Dionisii ad fisco nostro nec ad successoris nostrus non perveniat, et predicta villa Napsiniacus ad ipso sancto loco perenniter proficiat in augimentis, unde ipsa congregacio, pro stabelitate rigni vel salute patriae, Domini misericordiae —[16] jugiter debiant exorare. Et taliter praecipemus, ut pro mercidis nostre augimentum, vel stabiletate circa ipsa basilica domni Dionisii vel nostro palacio pertenenti, duas precepcionis uno tenure conscripttas exinde fieri jussimus, — [17] una in arce basilice Sancti Dionisii resediat, et alia in tessaure nostra. Et ut hec precepcio firmior habiatur, vel per tempora conservintur, manus nostre subscripcionebus subter eam decrivemus roborare.

[18] Childeberthus rex subscripsit. Vulfolaecus jussus optolit.

( *Locus sigilli.* )

[19] Datum quod ficit minsis Decembris dies xiij, anno primo rigni nostri, Conpendio, villa nostra, in Dei nomene feliceter.

---

## XXX.

*Placitum Childeberti III, quo Hordinium, cum ecclesiis ibi constructis, monasterio S. Dionysii adjudicat*.*

Anno 695, die 23 Decemb.

[1] Childeberthus, rex Francorum, vir inluster.

— [2] Cum nos, in Dei nomene, Conpendium in palacio nostro una cum nostris fedelebus resederemus, — [3] ibique veniens inluster vir Aigobertus, menesterialis noster, in causa venerabile viro Haino — [4] ne, abbate de basileca domni Diunense, ubi ipsi ipse preciosus in corpore requiiscit, suggerebat — [5] eo qod ante os annus,

* Membrana.

qando genetur noster Theudericus quondam rex partibus Auster — [6] hostileter visus fuit ambolasse, homo nomene Ibbo quondam nullatenus ibibem ambolasset [et ob hoc solidos sexcentus fidem ficisset]*, — [7] et pro ipso Ibbone ipsi Haino abba [ipsus] solidos sexcentus, eum roganti, pro ipso conposuisset, et pro — [8] ipsus solidos sexcentus porcione sua in loco noncopante Hordinio, in pago Belloacense, ad inte — [9] grum [una cum illas ecclesias ibidem constructas], quicquid ibidem sua fuit possessio, ei pro suo estrumentum delegasset vel fir — [10] masset. Sed dum filius suos Bottharius clirecus ibidem ad presens aderat, interrogatum fuit — [11] ei, se ipsi genetur suos Ibbo qondam ipsa porcione sua in suprascripto loco Hordinio ipsius Hai — [12] noni abbati per suo estrumentum delegasset vel firmasse? Sed ipsi Bottharius clirecus in — [13] presenti taliter fuit professus, quod ipsi genetur suos Ibbo ipsa porcione in suprascripto loco Hor — [14] dinio sepedicto abbati Hainone per suo estrumentum delegasset vel firmasset, et auctor — [15] ei exinde aderat. Et ipsa estrumenta in presenti ostendedit relegenda, [et, visa eis, ipsas esse cognovit.] Proinde nos — [16] taliter una cum nostris procerebus constetit decrivisse, ut dum inluster vir Ermen — [17] ricus, optimatis noster, testimoniavit, quod ac causa taliter acta fuisset denoscitur, jobi — [18] mus ut memoratus Haino abba ipsa porcione in suprascripto loco Hordi — [19] nio, contra ipso Botthario clirico, quicquid antedictus genetur suos Ibbo in jam dic — [20] to loco tenuit vel moriens dereliquid, omne tempore habiat evindecatum; — [21] et se necessetas ipsius Hainonis abbatis aut heredis suos fuerit, ipsi Bottharius clirecus — [22] aut heredis sue in autoricio eus estodiant defensare.

[23] Syghinus recognovit. (*Locus sigilli.*)

[24] Datum sub die x kalendas Januarias, anno primo rigni nostri, Conpendium, in Dei nomine feliciter.

* Hæc verba, et subsequentia, pariter uncis inclusa, inter lineas in archetypo scripta sunt.

---

# XXXI.

*Privilegium Ageradi, Carnotensis episcopi, pro monasterio Sanctæ Mariæ supra Ligerim*.*

Anno 696, die 6 Martii.

— [1] . . . . cum consenso filio suo domno Deodato, quondam antecessori nostro, ipsius urbis episcopo, et plurimorum ponteficum vel sacerdotum, afflante Sancto Spiritu, sacro monastirio in rem proprietatis suae, in loco nuncupante. . . . — [2] . . . [in]fra ipso muro super fluvium Legeris, in honore sanctae Mariae semper virginis vel citerorum sanctorum, suo opere aedificavit et de rebus suis ditavit, et ipsum venerabili viro Chrotchario diacono per suam [epistolam]. . . — [3] . . . s firmavit, ut ibidem monachus, qui sub sancto ordine vita theorica sub ordine caenubitale degentis conservare diberent, ibidem intromittire diberit, et ipsi ipso monastirio in onus abb. . . . — [4] . . . vit cui ipsum se viventem sub se aut post suum discessum instituerit. Et, dum nos ipsum devotissimum in hoc opus Domino famulare perspeximus, ideo voluntate plenissima hoc sacrosanctum privilegium, — [5] una cum consensum fratrum nostrorum et concilium seniorum, indulsimus taliter ut liciat sancta congregacioni servorum Dei in ipso monastirio constitutum, quieto ordine, sine opresiones cujuslibet — [6] [pon]teficum, vel Carnoteno urbis episcopo, seu et clericorum sine insolencia juvenum saecularium, quieti vivire; ut nullus convivia, nec mansionis, nec paratas, nec munera expedenda non pertimiscant. — [7] Et si ab ipso abbate pontefex Carnotensis, pro eorum utilitate, invitatus fuerit, sine ulla ambicionis causa vel fraude accidat ad ecclesias consecrandas, et tabolas benedicendas, vel altaria seu presbiteros — [8] [aut] diaconus vel reliquos gradus ordenandus, sine obtento pravae cupiditatis, tradat benedicionis. Et, sicut habet humana fragilitas, se ipsi abba Chrotcharius

* Membrana.

aut cui ipsi ibidem intromissum... — [9]... t abbatem instituerit, ab ac lucem migraverit, ipsa sancta congregacio servorum Dei, in suprascripto cenubio instituta, de semetipsos, ad gubernacionem monastirii et animas regendas, liceat eis — [10] [talem] gubernatorem elegire, qui honestis moribus sit, non generositatis nobilium, sed in Dei amore expergencius atque sagacius inbutum, et sub sanctam regulam oboedienciae patrem instituere — [11] [concedent]es decrivimus, eisque concessimus ut nullo modo hoc sacrum privilegium a successoribus nostris sit inruptum, sed per omnia et in omnibus conservitur consistat. Et si scandala, quod ab — [12] [sit et minime credimus quod fiat, in supradicto monastirio surrexirint, et ipsi abbas cum sua congregacione hoc emendare non potuerit, patris spiritalis, qui sub sancto ordine vivere — [13] [viden]tur in Carnotena parochia aut undique elegirint, ad hoc scandalum mitigandum invitent. Quod si nec ipsi, quod minime credimus, hoc emendare potuerint, tunc ad pacis concordiae, sine ul[lo — [14] cupi]ditatis crimine, pontefex Carnotensis ad ipso abbate vel sua congregacione invitandus sit, ut paterno more discordantis, salvo eorum privilegio, ad pacem revocet. Illud eis pre — [15].... auctoritas nostra ponteficalis concessit, ut nullus de successoribus nostris, nec archidiaconus, nec vicem domini, nec missi clerici vel laici discurrentis, in ipsius monastirii — [16].... erens, ex conlacione praedictae Adreberctane, tenire vel dominare videntur, aut se adhuc inantea ad Deo timentebus conlatum fuerit, nec ad causas audiendum, nec — [17]... exigendum, nec mansionis, aut pastus, aut paratas, vel quemlibet reddebucionem requerendum, nec hominis ipsius distringendum, nec de rebus eorum quicquam minuandum, — [18] [penitu]s non praesumat habere ingressum, sed sub regimen ipsius abbati aut successoribus ejus omnia in Dei nomine consistant. Et taliter per hoc privilegium sanximus ut per — [19] [henni]ter, temporibus praesentebus ac futuris, in Dei nomine conservitur. Et sicut taliter solet, stimulante adversario, per aliqua temeriditate aut caliditate de successoribus nostris — [20] ..... nimpe solet malicia praepedire bonis, hoc privilegio, quae nos pro divino respecto ut pro participanda conmuni successorum fratrum mercidem absorde per prava

—[21] [con]silia inlexirit, et ad molem impietatis indulgencia nostra, omissa relegione, violari aut depravari vel conrumpire adnisus fuerit, non solum hic in conhiben —[22] [da secund]um statuta canonum sentencia, de objecto emmanitatis crimene feriatur, sed etiam in futurum ante tribunal aeterne judicis seu angelorum vel sanctorum — [23] [omnium], ulcione divinae in praecipium condemnetur acculei. Et, dum extremitas nostra saepe nomenato monastirio, sub Xpisto cultui, admodum in sancta vita conversare — [24] cognicione veritatis regulariter in Dei laudis meditantes summo desiderio desiderare inspeximus, ita deinceps solecicius atque curiosius, dum a nobis omnia —[25] [subsidia] feruntur, Xpisti clemencia inploramus, ut semper, magis ac magis, in Dei amore proficientis, accensis lampatebus, aeterna vita perfruantur, qualiter pro —[26] labore, quae in certaminis contemplacione desudant, apud omnipotentem Dominum mercedis commodum ferant; et nos de multiplecata segite praemia sempiterna —[27] populorum congeries fructificata gremiis, abrutis palliarum sordebus, triticum horrea reconditis metere atque adipisci mancipari valeamus. Unde domnis — [28] metropolitanis arcium sedes divinitatis suffragia poscimus, ut adhibenda mercidem hoc sanctum privilegium societate beatitudinis vestre adsentire atque — [29] [confirma]re una nobiscum almetas vestra dignetur. Annum II. secundo regnum domni nostri Childebercthi glorioissimi regis. Captonaco, publicae. — [30] [Datum quod] fecit minsis Marcius dies sex.

—[31] . . . . ericus episcopus hoc previlegium consinsi et subscripsi. In Dei nomine Ageradus, ac si peccator episcopus, hoc previlegium a me factum religi et subscripsi. — [32] [In Xpisti] nomene Gripho, etsi peccator episcopus, hunc privilegium consensi et subscripsi. Ansebercthus, servus Jeshu-Xpisti, hoc privilegium rogitus subscripsi. In Dei nomene Ebarcis, etsi peccator episcopus, hoc privilegium. . . . .

[33] In Xpisti nomine Aygliberclhus, ac si peccator episcopus, hoc privilegium consenciens subscripsi.

[34] In Xpisti nomine Beracharius episcopus hoc privilegium consenciens subscripsi. Tretecor, per meserecordia Dei episcopus, hoc privilegium subscripsi.

[35] In Dei nomene Ansoaldus, etsi peccator, hoc privelegium subscripsi. In Dei nomine Attur, gracia Dei episcopus, hoc privelegium rogetus subscrisi.

[36] In Xpisti nomene Ermeno, peccator episcopus, subscripsi. Soabericus, peccator episcopus, hoc privilegio consenciens subscripsi. Turnochaldus, ac si peccator episcopus, hoc privilegio subscripsi.

[37] Constantinus, peccator episcopus, hoc privilegio subscripsi.

[38] Chaino, gracia Dei abba, hoc privilegium rogitus subscripsi.

---

## XXXII.

*Diploma Childeberti III, quo immunitates concedit monasterio Tusonis-vallis *.*

Anno 696, 8 april.

[1] Childeberthus, rex Francorum, vir inluster.

[2] Rictum esse censimus se peticionibus sacerdotum, qui pro affectum eclisiarum pertenit, effectuae mancipamus, vel qui ab ipsis ibidem de qualibet adtractum fuit, additum vel conlatum, per nostris oracolis roboramus, qualiter postmodo et datoris mercis — [3] permaniat, et nus, pro pristitum beneficium, opinio bonis et premium sempeternum adriscat. Idcircum venerabilis vir Magnoaldus, abba de monastirio Tusone-valle, que est in pago Camliaciacinse, quem in honore sancti Diunisiae et sancti Marcelli, quem avuncolus suus Chardericus —[4], quondam abba, super rem sua propria edeficavit, et monastirio sub sancta rigola ibidem constituissit, et ibidem ipso venerabili viro Magnoaldo abbati constituit esse rictorem : sed ipsi vir Magnoaldus abba petiit celsitudinem nostram, ut quicquid ad ipso monastiriolo tam ad ipso abbate — [5] quam et ad Deo timentis homenibus, in quibuslibet ribus adque corporibus, ibidem

* Membrana.

fuit aut fuerit additum vel prolatum, unde et precepcione domno et genetore nostro Theuderico, quondam rege, se ex hoc pre manibus habire adfirmat, ut nullus judex poplicus ad causas audiendum —[6] vel fridda exigendum, ibidem introitum nec ingressum habire non deberit. Quod nus pro mercidis nostri augmentum concessisse vel pristetisse seo confirmasse cognuscite. Adio per presente preceptum ex hoc decernimus ordenandum, quod in perpetuo volumus esse —[7] mansurum, ut neque vos, neque junioris seo successorisque vestri, nec nullus quislibet ex judiciaria potestate quoque tempore accinctus, in curtis vel villas ipsius monastiriae, tam de quod ibidem presenti tempore est firmatum, quam quod in antea —[8] tam de ipso vir Magnoaldo abbate, quam et de reliquis Deo timentis homenibus, in quibuslibet ribus adque corporibus, ad causas audiendum, vel fridda exigendum seo mansionis aut paratas vel qualiscumque retribucionis quod fiscus noster exinde accipere —[9] aut sperare potuerat, judiciaria potestas nec nostro tempore, nec successoribus rigibus, ingressum nec introitum penitus habire presummat, nisi quicquid fiscus noster exinde sperare potuerat in luminaribus ad ipso monastiriolo vel ad ipsis —[10] monachis qui ibidem frequenter vedintur officium fungire, inspecta ipsa precepcione domno et genetore nostro Theuderico quondam rege, seo et nostro preceptum plinius in Dei nomine confirmatum debiat in augmentis profeciscere, unde mercis —[11] nostra apud Domino retributire perennis temporibus debiat convalere, et ad ipsa congregacione delictit pro stabilitate rigni nostri jugiter deprecare. Et, ut haec precepcio firmior sit, manus nostri subscripcionibus supter eam decrevimus roborare. (*Locus sigilli*).

[12] Childeberethus rex subscripsi. Nordeberthus optulit.

[13] Datum quod ficit minsis Aprilis dies octo, annum secundum rigni nostri, in Dei nomine, Noviginto feliciter.

# XXXIII.

*Placitum Childeberti III, quo villam Nocitum monasterio Tunsonis-vallis adjudicat* *.

Anno 697, die 14 martii.

[1] Childebercthus, rex Francorum, vir inluster.

[2] Cum nus, in Dei nomine, Conpendio in palacio nostro, una cum apostholecis viris in Xpisto patrebus nostris Ansoaldo, Savarico, Turnochaldo, Ebarcio, — [3] Grimone, Constantino, Ursiniano, episcopis; necnon et inlustri viro Pippino, majoré-domus nostro; Agnerico, Antenero, Magnechario, Grimoaldo, optematis; Ermen- — [4] theo, Adalrico, Jonathan, comitebus; Vulfolaeco, Arghilo, Madlulfo, domestecis; Benedicto, Ermedramno, seniscalcis; seo et Hocioberctho comite — [5] palacii nostro, vel cunctis fedilebus nostris ad universorum causas audiendum vel ricto judicio termenandum resederimus; ibique veniens venerabilis — [6] vir Magnoaldus abba de monasthirio Thunsonevalle, quem habuncolus suos domnus Chardericus, condam episcopus, suo opere edeficavit, climenciae — [7] rigni nostri suggessit eo quod agentis inlustri viro Drogone filio, itemque inlustri viro Pippino, majori-domus nostro, curte basileci sui nuncopanti Nocito — [8], que ponetur in pago Camiliacinse, qui fuerat Gaerino condam et de fisco per precepcione domno et geneture nostro Theuderico, condam rige, ad ipso — [9] monasthirio fuerat concessa; ipsi agentis memorato Drogone, malo urdene, de potestati ipsius Magnoaldo vel monasthirie sui tullissent vel — [10] abstraxissent, seo et mancipia, pecunia, vel reliquas ris quampluris exinde naufragiassent vel devastassent. Intendebat ae contra ipsi — [11] Drogus, eo quod socer suos inluster vir Bercharius condam ipsa villa de ipso Magnoaldo concamiassit, et eidem justisseme ad partem conjuge sui Adaltrute ligibus — [12] reddeberitur. Intendebat ae

* Membrana.

contra ipsi Magnoaldus, quasi conlocucione et convenencia exinde apud ipso Berchario habuissit ut ipsa —[13] inter se conmutassent, sed hoc numquam ficissent, nec de ipsa curte ipsi Berecharius mano vestita numquam habuissit, nisi malo urdene, per forcia et —[14] inico ingenium ipsi agentis predicto Drogone de potestate sua abstraxissent. Interrogatum est ipsius viro Drogone quatenus intendebat quod —[15] exinde socer suos concammio apud ipso Magnoaldo ficissit, se talis epistulas conmutacionis exinde inter se ficissent, aut se ipsas in nostri presencia —[16] presentare potibat. Sed ipsi strumentum exinde nullatenus presentavit, nec nulla evidenti potuit tradere racione, per quod ipsi Bercharius ipsa habire—[17] debuissit, nec per quo urdene ipsa ipsi Drogo ad parte conjuge sui nec ad sua habire debirit. Sic ei a suprascriptis viris domnis episcopis vel optematibus —[18] nostris, in quantum ipsi inluster vir Hocioberclhus, comis palacii noster, testimuniavit, nuscitur judecasse vel definisse, ut ipsi vir Magno —[19] aldus ipso loco Nocito, quantumcumque exinde per precepcione ipsius domno et geneture nostro ad ipso monasthirio suo Tunsone-valle —[20] fuerat concessum, hoc ipsi Drogus ad sana mano eum exinde revestire debirit, et ipsi Magnoaldus illa fructa, hoc est vinus vel annonas aut —[21] fenus quod exinde missi sui devastaverunt, ei indulgire debirit : quod ita et ficit. Proinde jobimmus ut ipsa rem Nocito, quantumcumque —[22] ibidem Gaerinus possidit aut undeque ad ipso pervinit, et ab ipso geneture nostro ad ipso monasthirio per suum preceptum fuit concessum, —[33] omne tempore, contra ipso Drogone et conjuge sua Adaltrute aut herides eorum , vel cujuscumquelibet de parti eorum, omne tempore habiat —[24] evindecatum adque helitiatum, et sit inter ipsis in postmodum ex ac re subita causacio.

[25] Aigobercthus, ad vicem Chaldeberctho, jussus recognovit

(*Locus sigilli.*)

[26] Datum quod ficit minsis Marcius dies xiiij, anno tercio rigni nostri, Conpendio, in Dei nomine, feliciter.

## XXXIII *bis*.

*Charta excambii facti inter Adalricum., ex una, et, Valdromarum, abbatem Sangermanensem, ex altera parte* *.

Anno 697, die 25 aprilis.

[1] Quociens de conmutandis ribus licit orta est condicio, eas sci [licet] — [2] litterarum pagina debent [confi]rmare. Cum inter inlustri viro Adalrico nec non et — [3] venerabili viro Vualdromaro abbate boni pacis placuit ad eo conv[enire] — [4] ut inter se et [partes] eorum conmutare debirint, quod ita et ficirunt. [De] — [5] dit predictus vir Vualdromarus abba Adalrico terra plus minus bunuaria... — [6] in loco noncopante Mairilaco, quod est in pago Penesciacinsi, [quod sunt] — [7] adfinis ab uno latere et fronte Bertino, ab alio latere Ansberto, a — [8] quarto viro terra ipsius abbatis. Simili modo e contra dedit supra — [9] dictus vir Adalricus Vualdromaro abbati, in reiconpensacione, bunu — [10] ario nono in ipso loco noncopante Mairilaco, quod sunt ad [fines] — [11] de totas partis ipsius abbatis. Et commutaturus quisque quod [ac] — [12] cipit, teniat, possediat, vindat, donit, conmutit, vel quic — [13] quid exinde facire voluerit liberum in omnibus pociantur arbitrium. — [14] Si quis viro, quod fieri minimi credimus, si aliquis de nos aut de — [15] heridibus vel sucessoribus [nostris] contra hanc epistola conmuta — [16] cionis anbolare voluerit.... alia..... sed inferre pari — [17] pares ut una cum socio fisco........ lib. . . . . . . . genta debiat esse — [18] multandus cum stipolacione interposita. Actum Beudechisilovalle, — [19] et sub diae quod ficit minsis Abrilis dies viginti et quinque, anno — [20] tercio rignum domni nostri Childeberti gloriosi regis.

[21] Vualdromarus, hac si peccator abba, hanc conmutacionem supscripsi. — [22] Baldoaldus, ac si indignus abba, suscripsi. — Se-

* Membrana.

renus religi et supscripsi. — [23] † In Dei nomene, Ursinus, hac si indignus diaconus, supscripsi — [24] † Chramlenus, ac si peccator presbiter, rogitus supscripsi. — Sign. † Leodonis — [25] Adrirulfus supscripsi. — Bettolinus supscripsi. — [26] Sign. † Frumoaldo. — Sign. † Andromaro. — Sign. † Martino.

[27] Ego Sicharius lictor rogitus scripsi et suscripsi.

---

## XXXIV.

*Testamentum Erminethrudis, quo legata plurima quibusdam ecclesiis et personis scribit**.

Anno 700.

[1] ........ sacratissimus fiscus percipeat. Si vero omnia quod in hunc testamentum inserui in — [2] [tactum] custodieris, quidquid tibi superius deligavi in tuo jure, perenni tempore, permaneant. — [3] [Si quid] in hunc testamentum cuicumque non depotavi, tibi, dulcissime fili, habere cupio. Similiter, — [4] .. demandatione bonae memoriae Deorovaldi, dono tibi canna argentea valente plus minus — [5] sol. xxv, et, a parte mea, dono tibi cauco argènteo valente sol. xxx; et medietatem ovium, quas — [6] Vigilius adtendit, cum pastore nomine Gaugiulfo. Simili modo de Latiniaco et Balbiniaco [7] — tam vestis quam aeramen vel utinsilia, et de bovebus ex omnia medietatem, tibi, dulcissime — [8] fili, habere praecipio. Pari conditione, ex demandatione bonae memoriae Deorovaldi, — [9] dono tibi, dulcissime fili, de portione ejus et de proprietate mea, mancipia his nominebus : — [10] Unnegiselo, Aunemundo et filias Patricio, id est Fedane et Ausegunde et Agnechilde et Baccione, — [11] cum gregim porcorum; vineae pedaturas duas, sitas in monte Maurilioni quas Theodaharius — [12] et Garimundus colent; vineae pedatura tertia sita in monte Metobaure, cum vinitore Gun — [13] tachario ; vineae pedatura quarta, sita Tauriniaco, quem Imneredus colit, cum vinetore Mu — [14] negi-

* Papyrus.

silo; vineae pedatura quinta, sita in monte Vultoricino, quem Sevila colit, cum ipso — [15] vinitore: haec omnia suprascribta, tibi, dulcissime fili, ex mea voluntate vel ex — [16] demandacione dive memoriae Deorovaldi habere constitui. Vinea sita in monte Me — [17]. . . . . , quem Habundancius colit, medietatem sancte ecclesiae . . . eliense dare prae — [18] cipio; aliam medietatem de ipsa vinea dulcissimo nepoti meo Bertigisilo habere jubeo. Vinea quem Agi. . . — [19] femina tenuit, et vineam quem Imnacharius colit, dulcissimae nepti meae Deorovarae, cum ipso Imnachario, — [20] habere praecipio. Vinea plantas qui sunt secus vineam Sevilam dulcissimo nepoti meo — [21] Berterico habere praecipio. Vinea quem Vincimalus in monte Vultoricino colit, et puella nomine — [22] Sunnechilde, et ancilla nomine Iveriae cum filio Leudino, dulcissimae norae meae Bertovarae — [23] habere jubeo. Item dulcissimo nepoti meo Bertegisilo, ichriario argenteo, et mancipia his nominebus: — [24] Sunniulfo et sorore ejus Gibethrude et filias Anthimio et filio The. . . . .'nae juniore habere cons — [25] tituo. Nepti meae Deorovare, scutella argentea cruciclata, et mancipia his nominebus: — [26] Tanechildem, Imnegunthem, Imnegisilum; et lectaria ad lecto uno, qui melior fuerit, et puero — [27] nomine Gundofredo, et ancilla nomine Thaigundem, nec non et puella nomine Audechildem, — [28] dari constituo. Dulcissimo nepoti meo Berterico, puero nomine Medigisilo habere jubeo. Baselicis — [29] constitutis Parisius, id est: baselicae Sancti Petri, urcio argenteo, valente soledus duodece, et fibla — [30] aurea gemmata. . . . manto dari constituo; baselicae domnae Mariae, gavata argentea valente — [31] sol duodece, et cruce aurea valente sol. septe, dari jubeo; baselicae domni Stefani anolo aureo nigellato — [32] valente sol. quatuor, dari volo; baselicae domni Gervasi anolo aureo, nomen meum in se habentem scribtum, dari — [33] praecipio; baeslicae Sancti Sinfuriani, in qua bonae recordacionis filius meus Deorovaldus requiescit, — [34] freno valente sol. duodece, et caballo strato, et carruca in qua sedere consuevi, cum boves, et lectaria — [35], cum omni stratura sua, pro devotione mea et requiem Deorovaldi, dari praecipio. Alia carruca — [36], cum boves vel omni stratura sua, ecclesiae vici Bonisiacinsis dari jubeo. Similiter villarem, cui vocabulum — [37] est Volonno, cum adjacentia sua, suprascribtae ecclesiae Bonisiacense pro remedium animae — [38] meae habere praecipio. Sacrosancte ecclesiae civitatis Parisiorum, missurio argenteo, valente sol. — [39] quinquaginta, dari praecipio. Baselicae Sancte Cruces vel domni Vincenti, cocliaria argentea dece darì jubeo. — [40] Lectaria par uno, et vestimenti mei pareclo uno, fratribus ad minsa baselicae Sancti Dionisi dari — [41] praecipio. Alio pareclo vestimenti ad vico Bonisiaca fratribus dari constituo. Tertio pariclo — [42] vestimenti Emilia ad vico dari jubeo. Item, pro remedium anemae meae vel ex demandacione bonae — [43] recordationis fili mei Deorovaldi, villam cui vocabulum est Latiniaco, sita in territurio — [44] Meldinse, cum campis, colonecis ad eadem pertinentes, cum pratis, pascuis, silvis, vel in — [45] omni jure et termino suo, quia in portione supramemorati filii mei Deorovaldi obvenit, cum — [46] omni integritate baselicae Sancti Sinfuriani, ubi saepultura habere dinuscitur, pro requiem — [47] ejus dari praecipio. Similiter porcario, nomine Gundilane, cum gregim porcorum, et Baudomere — [48] cum gregim ovium et troppo jumentorum, qui sunt ad suprascribta villa Latiniaco, supradictae — [49] basilicae Sancti Sinfuriani habere jubeo. Goderico et Gunderico in suprascribtam villam, quem — [50] baselicae domni Sinfuriani deligavi, ita jubeo ut laborent, unde ad ipsa baselica oblata — [51] cotidiae ministretur. Leudulfo cum vinea quem Sabucito colit, ad oraturio qui est in villa La — [52] tiniaco, unde ibidem oblata occurrat, dari volo. Baudulfus, Sumthaharius, similiter cum — [53] boves ut laborent jubeo, unde oblata ad baselica Sancti Sinfuriani pro requiem Deorovaldi of — [54] feretur. Simili modo vineae pedatura una, sita Tauriniaco et quem Pinpo colit, base — [55] lecae domni Georgi Calo dari praecipio. Vineae pedatura una, sita in monte Buxata, quem Ju — [56] vius colit, ecclisiae Bonisiacinse dari constituo. Vinea quem Vuassio colit, cum ipso Vuassione — [57] . . . . . . . . . . . . . . . . . . . . . . . . . . . . . . . . . . . . . . . . . . . . . . . . . . . . . nomene Theudorico — [58] quem . . . . . colere debeat, basilicae domni Sinfuriani . . . . . . oblata . . . . . . — [59] dari constituo. Vineae pedatura una, sita in monte Blixata, quem Leudefredo colit, baselicae Sancti — [60] Martini ciperente dari jubeo. Libertorum meorum nomena in his testamento abnecti constituo : — [61] Medibergane, Honorio, Gundileubane, Piane, Sumthulfo, Ciuccirane, Hicchicione, Maxa uxore, — [62] Chioberga, Sinderedo, Angilone, Leudefredo cum uxore Vuandilone, Chaideruna, Childeruna, — [63] Thrasteberga, Theodachario, Vigilio cum uxore Sunnine, Agione cum filio suo Garilulfo, Vincimalo — [64] cum uxore Maurella, Mellita cum filio suo juniore, Coccione cum filio suo Daigisilo, Mundilane — [65] cum filiis suis Munegisilo et Monechrude, Acchione, Bonane, Leubosuintho, Gibulfo filio — [66] Vigilio, Dommoruna, Childerimane, Basone, Childegiselo, Childegunthe, Chrodulfo, Asindeber — [67] gane, Monechilde, Aeterno, Bauderuna; hos omnes, cum omni peculiare eorum, tam areolas, — [68] hospitiola, hortellos, vel vineolas, et cum id quod in quibuslibet rebus habere videntur, liberos liberasque — [69] esse praecipio, et quidquid exinde facere voluerint, habeant liberam potestatem. Similiter Mu — [70] molane, cum omni peculiare suo, ingenuam esse praecipio; luminaria tantum in ecclisia — [71] Bonisiaca ministrare stodeat. Vualacharium, cum omni peculiare suo, et cum boves quos bajolat, — [72] ingenuum ea condicione esse dibeo ut ligna tantum ad oblata faciendum ministrare pro — [73] curet. Gundefredo cum boves duos laborare praecipio unde cera ad baselica domni Sinfuri — [74] ani conparetur. Martiniano, Theoderuna, cum filio suo seniore, cum peculiare eorum, si — [75] cut suprascribti benemereti, ingenuos esse jubeo. Simili modo, pro remedium animae meae — [76] et ex demandatione fili mei Deorovaldi, Gygone, Septeredo cum uxore Goderuna, Theodonivia, — [77] Baudonivia, Carane, Patricio cum uxore Eusebia, Dagarico cum uxore Aurovefa, Ciuncioleno, Blidemundo — [78] cum filia Blidechilde, Manileubo, Trasilane, Eumundo, Imneredo cum uxore Torigia, Chadulfo, Aridia, — [79] Rocculane, Babiccone, Gunthivera, hos omnes cum omni peculiare, tam areolas quam hospi — [80] tiola, vineolas, vel hortellos, cum id quod praesenti tempore habere videntur, ingenuus esse — [81] constituo. Baudulfo et Sumthahario, cum boves quos bajolant, laborare praecipio, unde — [82] oblata ad baselica domni Sinfuriani jugiter ministretur. Ita do, ita ligo, ita testor, ita vos — [83] mihi, Quiritis, testimonium perhibetote testanti. Citeri citeraeque proximi proximeque — [84] exheredis mihi estote, proculque habetote. Si que liturae vel caraxaturae in hoc testa — [85] mento meo sunt,ego feci fierique praecipi, dum mihi saepis volui recenseri. Addi — [86] etiam constitui, si quis contra hanc testamentum venire voluerit, aut voluntatem meam — [87] in aliquo corrumpere temptaverit, a communione omnium sanctorum et a liminebus ecclisiarum — [88] efficeatur extraneus, et insuper ante tribunal Xpisti anathimatus permaneat. — [89] Actum Parisius sub die et tempore suprascripto.

[90] Signum † Erminethrudiae testatricis † Mummolus comes, rogante et praesente — [91] Ermenetrude, hunc testamentum subscripsi. Scupilio spatarius, rogante Erminethrudiae, — [92] huic testamentum subternotavi diae et anno quibus supra. Munegiselus, rogante et praesente Ermmine — [93] thrude, hunc testamentum testis subternotavi die et anno quibus supra. Bauducharius defensor subscripsi. — [94] Eusebius, rogatus ab Erminethrude, hunc testamentum scripsi, relegi et subscripsi.

---

## XXXV.

*Placitum Childeberti III, quo monasterium Lemausum monasterio S. Vincentii (postea S. Germani a pratis) adjudicat* *.

Anno 703, die 25 februarii.

[1] Childeberthus, rex Francorum, vir inluster.

[2] Cum nos, in Dei nomine, Carraciaco villa Grimoaldo majoremdomus nostri una cum nostris fedilebus resederimus, ibiquae veniens venerabelis vir Chedelmarus abbas adversus misso Adalgude Deo sagrata, nomine Aigatheo, — [3] suggerebat dum dicerit eo quod monastheriolo in pago Stampinse, noncobante Lemauso, una cum adjecencias suas, in quibuscumquae pagis adquae terreturiis, villabus, domebus, aedificiis, accolabus, mancipiis, libertis, campis,

* Membrana.

— [4] viniis, silvis, pratis, pascuis, aquis aquarumve decursebus, farinariis, gregis cum pastorebus, presidiis, mobilebus et immobilebus, rem inexquaesita, ad integrum, quicquid possessio Gammone condam et conjoge suae memorata — [5] Adalgude fuerunt, per eorum strumenta ad monasthyrio Sancti Vincenti vel domni Germani, ubi ipse preciosus domnus in corpore requiescit, quae est sub opidum Parisiace civetatis constructus, ubi Chedelmarus abbas preesse videtur, — [6] condonaverant, et ipsa strumenta in presenti ostendit ad relegenda; relecta ipsa strumenta, sollicetum fuit ipsi Aigatheo a nobis vel a proceribus nostris interrogasse, se alequid contra ipsa strumenta dicere aut ob — [7] ponere volebat, in presenti dicere debirit. Sed ipsi taliter adseruit quod ipsas donacionis, quem venerabelis vir Chedelmarus abbas proferebat, veracis aderant, et eas recognovit, et nihil contra hoc dicere nec obponire — [8] volebat. Qui et ipsi Aigatheus in presenti per sua strumenta, tam pro se quam et pro ipsa Adalgude, se in omnibus de ipso monasthyriolo Lemauso, una cum adjecencias vel adpendiciis suis, superius intematum dixit, — [9] esse exitum. Proinde nos taliter, una cum nostris procerebus, constetit decrivisse, ut dum inluster vir Ghyslemarus, comes palacii nostri, testimoniavit, et inter ipsis fuit judicatum : ut dum contra ipsa strumenta nihil habebat — [10] quod diceret nec quod obponeret, per sua festuca se exinde in presenti dixit esse exitum, jobemus ut ipso monasthyriolo superius nomenato Lemauso, cum omni integritate sua, ad se pertenente vel aspiciente, quem — [11] jamdictus Gammo condam vel conjux sua Adalgudis, per eorum strumenta, ad ipso monasthyrio Sancti Vincenti vel domni Germani condonarunt, vel quicquid ipsi Gammo moriens dereliquit, abisquae repedicione — [12] jamdicta Adalgude aut heridebus suis, omni tempore, ad partem ipsius monasthyriae Sancti Vincenti vel domni Germani aut rectoris suos habiant aevindecatum adquae aelidiatum : et sit inter ipsis ex hac re — [13] in postmodo subita causacio. Beffa recognovit ac subscribsit.

[14] Datum quod ficit mensis Februarius dies xxv, anno VIII rigni nostri, Carracciaco feliciter.

# XXXVI.

*Placitum Childeberti III, quo mansellos duos in pago Tellao Audoino clerico adjudicat* *.

Anno 709, die 8 april.

[1] Childebercthus, rex Francorum, vir inluster.

[2] Cum nus, in Dei nomene Crisciaeco, in palacio nostro, una cum nostris fedilebus, ad universorum causas audien — [3] das vel ricta judicia termenandas resederimus ; ibique veniens venerabilis vir Audoinus clirecus suggeribat, dum di — [4] cerit eo quod ad homene, nomene Leodefrido, mansellus duos in loca nunccupantis Childriciaecas et ad Taxmedas, sitis — [5] in pago Tellao, quod de parte genetore suo Godfrido, vel genetrice sua Ragambertane quondam, ex legitema successi — [6] one ad ipso pervinit, data sua pecunia, per vindicionis titolum ad eodem conparassit, et ipsa vindicione in presenti os — [7] tendedit relegenda, relicta ipsa vindicione. Sed dum ibidem ipse Leodefridus ad presens aderat, interrogatum — [8] ei fuit se ipsus mansellus suos in jam dicta loca Childriciagas et Taxmedas, in jam dictho pago Tellao, quod de parte — [9] genetore suo Godfrido vel genetrice sua Ragambertane, ex legitema successione ad eum pervinit, ipsius Audoino — [10] clireco vindedissit, aut se precium exinde accepissit, aut se vindicione fieri adfirmare rogassit, aut se autor ei exinde ad — [11] erat? Qui ipse Leodfridus taliter in presente fuit professus quod ipsus mansus duos, in jam dicta loca Childriciaegas et — [12] Taxmedas, in jam dictho pago Tellao, quod de parte genetore suo Godfrido et genetrice sua Ragambertane quon — [13] dam, ex legitema successione ad eum pervinit, ipsius Audoino vindedissit, et precium exinde accepissit et vindi — [14] cione fieri adfirmare rogassit et autor ei exinde aderat. Proinde nus taliter, una cum nostris procerebus, conste — [15] dit decrivisse : ut, dum inluster vir Bertoaldus, comis

* Membrana.

palati noster, testimoniavit quod ac causa sic acta vel in — [16] quesita fuissit per urdene, jobimmus ut memorathus Audinus ipsus mansellos, in jam dictho loco Childriciaegas — [17] et Taxmedas, in sepedictho pago Tellao, quicquid de parte genetore suo Godfrido vel genetrice sua Ragamber — [18] tane quondam, ex legitema successione ad eum pervinit, una cum mausis, terris, domebus, edeficiis, mancipi — [19] is, peculiis, presidiis, silvis, pratis, pascuis, aquis aquarumve decursebus, movilebus et inmovilebus, cultis et in — [20] cultis, cum omne integritate, tuttum et ad integrum quicquid in supraescripthos mansos, tam de alote quam — [21] et de conparatho, seo de qualibet adtractho ibidem sua fuit possessio vel domenacio, jamdicthus Audinus — [22] clirecus contra supraescriptho Leodfrido vel suis heridebus, inespecta ipsa vindicione, sicut per eadem [23] — declaratur, omne tempore habiat evindegatas adque elidigatas; et se necessetas ipsius Audino — [24] clireco inantia fuerit, jam dicthus Leudfridus aut heridis sui eum in autoricio contra quemlibet estudi — [25] ant defensare.

[26] Blatcharius recognovit. (*Locus Sigilli*).

[27] Datum quod ficit minsis Aprilis dies octo, annum XV rigni nostri, Crisciaeco in Dei nomene feliciter.

---

## XXXVII.

*Placitum Childeberthi III, quo monasterio S. Dionysii integrum adjudicat teloneum mercatus olim in villa S. Dionysii nunc Parisius celebrati *.*

Anno 710, die 13 decembr.

[1] Childeberthus, rex Francorum, vir inluster.

[2] Cum in nostra vel procerum nostrorum presencia, Mamacas in palacio nostro, venientes agentes venerabeli viro Dalfino, abbate de baselica peculiaris patronis nostri Sancti Dionisii, — [3] ubi preciosus

* Membrana.

domnus in corpore requiescit, adserebant adversus agentes inlustri viro Grimoaldo, majorem-domus nostri, eu qod a longo tempore Chlodovius qondam, — [4] avus noster, seu et posthia avuncolus noster Childericus, vel domnus et genetur noster Theudericus, eciam et germanus noster Chlodocharius, per eorum precepcionis, illo te — [5] leneu, quicquid de omnes neguciantes aut Saxonis, vel quascumquelibit nacionis, ad ipsa sancta fistivetate domni·Dionisii ad illo marcado advenientes, ad ipsa baselica Sancti — [6] Dionisii in integretate concessissent, sic quoque ut nec posthia, nec tunc, pars fisce neve ibidem ad ipso marcado, neve infra pago Parisiaco, aut in ipsa civetate Parisius, postia — [7] nullus teleneus ad ipsus homenis negociantes de ipsa vice non exigintur nec tollintur, sed hoc pars predicte baselice domni Dionisii in integretate omne tempore habi — [8] rit concessum adque indultum. Unde et talis precepcionis predictorum principum in presente ostendedirunt relegendas. Relictas et percursas ipsas precepcionis, inven — [9] tum est quod taliter ab ipsis principebus ad ipsa casa casa (*sic*) Dei in integretate fuit concessum. Postia dicebant quasi agentes ipsius viro Grimoaldo, majorem-do — [10] mus nostri, eciam et comis de ipso pago Parisiaco, medietate de ipso teleneu eisdem tollerent, vel de parte ipsius baselice abstraerent. Aserebant econtra — [11] agentes ipsius viro Grimoaldo, majorem-domus nostri, quase de longo tempore talis consuetudo fuissit, ut medietate exinde casa Sancti Dionisii receperit, illa alia — [12] medietate illi comis ad partem fisce nostri. Intendibant econtra agentes Sancti Dionisii, quasi hoc Gairinus qondam, loce ipsius Parisiace comis, per forcia hunc — [13] consuetudinem ibydem misissit, et aliquando ipsa medietate de ipso teleneu ejusdem exinde tullissit : sed ipsi agentes hoc ad palacium resogessissent, et eorum — [14] precepcionis in intregretate semper renovassent. Iterum inquisitum est per plures personas, eciam et per ipsas precepciones, qod antedicte princepis ibydem in primordio et — [15] in posterum in integretati concesserunt vel adfirmaverunt. Syc asenciente ipso viro Grimoaldo, majorem - domus nostri, eciam et alii pluris nostri fidelis visi fuerunt — [16] decrevissi vel judicasse, ut agentes ipsius viro Grimoaldo pro partem fisce nostri eusdem exinde per vuadio de ipso teleneu in integretate revestire debirent ; qod ita et fice — [17] runt. Sed, dum ac causa taliter acta vel definita seu inquisita vel judecata, in quantum inluster vir Sigofredus, comis palatie nostre, testemoniavit, fuissit — [18] denusceter, jobimmus ut omne tempore pars predicte monastiriae Sancti Dionisii, ubi ipse preciosus domnus in corpore requiescit, et Dalfinus, abba, vel successoris sui, — [19] ipso teleneu in integretati de ipsa fistivetate Sancti Dionisii, tam qod ibidem super terras ipsius baselice resedire vedintur, quam et postia ipsa vice ad Parisius — [20] omne tempore, inspecta eorum anteriores precepcionis, habiant evindecatum adque elidiatum. Et quatenus, antehactis temporebus, clade intercedente, de ipso — [21] vigo Sancti Dionisii ipse marcadus fuit emutatus, et ad Parisius civetate, inter Sancti Martini et Sancti Laurente baselicis, ipse marcadus fuit factus, et inde precepcionis — [22] predictorum principum acceperunt, ut in ipso loco aut ubyque ad ipsa fistivetate resedibant ad eorum negucia vel conmercia exercienda, ipso teleneu pars pre (*sic*) — [23] predicte baselice domni Dionisii in integretate receperit ; et se evenit, aut pro clade aut per quacumquelibit delacionis interventu , exinde aliuby fuerit ipsi marca — [24] tus emutatus, predictus teleneus in integretate ad ipsa casa Dei, presentis temporebus et futuris, in lumenarebus ipsius Sancti Dionisii, pro reverencia ipsi — [25] us sancti loce, permaniat concessus adque indultus : et sit tam inter parte fisci nostri, quam et inter agentes Sancti Dionisii, omnis lis et altergacio subita.

[26] Actalius jussus recognovit. (*Locus sigilli*).

[27] Datum qod ficit minsis December, dies xiij, anno xvj rigni nostri, Mamaccas feliciter.

# XXXVIII.

*Placitum Childeberti III, quo farinarium Cadolaici monasterio S. Dionysii adjudicat*.*

Anno 710, die 14 decembris.

[1] Childeberthus, rex Francorum, vir inluster.

[2] Venientis agentes baselece peculiaris patronis nostri domni Dionisii, ubi ipse preciosus in corpore requiescit, et venerabelis vir Dalfinus, abba, custus preesse — [3] veditur, Mamaccas in palacio nostro, nobis sogesserunt, eu quod farinario illo in loco noncopante Cadolaïco, infra termeno Verninse, quem a longo tempore antecessoris sui — [4] ad villa ipsius baselice Latiniaco semper posiderunt. Agentes inlustri viro Grimoaldo, majorem-domus nostri, cum contradicerent, et dicebant qod a villa sua Verno fuissit aspectus. Dice — [5] bant posthia ipse agentis Sancti Dionisii, eu quod de pluremum annorum spacia ipse farinarius ad ipso Verno nonquam aspexissit, nisi ad villa ipsius baselice Ladiniaco; Ebroïnus — [6] majorem-domus, suo tempore, quando ipsa villa posedibat, ibidem eum fecissit aspectum, et justissemi eis vel ad casa Sancti Dionisii redebitur. Sed postia ipse viro Grimoal — [7] dus, majorem-domus noster, una cum nostris fedilebus, ac causa ante se jussit advenire ut eam deligencius inquirerit; quod ita et ficit. Sic ad ipso viro Grimoaldo — [8] fuit judecatum, ut sex homenis de Verno, et sex de Latiniaco, bone fideus, in oraturio suo, seu cappella Sancti Marcthyni, memorate homenis hoc deberent conjura — [9] re, quod a longo tempore semper ipse farinarius ad ipso Latiniaco, curte ipsius monastirie Sancti Dionisii, aspexissit, et ibidem justissemi redebebatur. Set ipso sagramentum — [10], sicut eis fuit judecatum, in quantum inluster vir Sigofridus auditur ipsius viro Grimoaldo testemoniavit, quod ipse homenis ipso sagramentum, sicut ab pso viro — [11] Grimaoldo fuit jude-

* Membrana.

catum, in omnebus vise fuerunt adimplisse : et tale judicio ipsius viro Sigofrido mano firmante, vel de anolo ipsius Grimoaldo, majo— [12] rem-domus nostri, sigellatum, ipse agentes acepissent, ut ipso farinario ad parte ipsius Dalfino abbati, vel monastiriae sui Sancti Dionisii, elidiato urdene, debiant — [13] posedire vel domenare. Proinde nus taliter, una cum nostris procerebus, constetit decrevisse, in quantum inluster vir Bero, comis palate nostre, qui ad vice itemque —[14] inlustri viro Grimberctho, comite palati nostro, adestare vedebatur, testemoniabit, quod memoratus, Sigofridus extra suum prebuit testemonium, quod ac cau — [15] sa ante ipso viro Grimoaldo, majorem-domus nostri, sic acta vel judecata fuissit, denuscetur, jubemus ut memorate agentes ipso farinario, ad parte ipsius — [16] Dalfino abbati vel monastirii Sancti Dionisii, absque repeticione suprascripto Grimoaldo, aut agentes vel heridis aut successoris suos, vel contra quemlibit — [17], inspecto illo judicio ipsius viro Grimoaldo, majorem-domus nostri, sicut per eudem declaratur, omne tempore habiant evindecatum adque elidiatum ; — [18] et sit inter ipsis ex ac re in postmodum subita causacio. — [19] Dagobertus, ad vice Angilbaldo, recognovit. (*Locus sigilli.*)

[20] Datum qod ficit minsis December dies xiiij, anno xvj rigni nostri, Mamaccas feliciter.

---

## XXXIX.

*Diploma Chilperici II, quo ecclesiam S. Dionysii ab omni seculari et episcopali juridictione inmunem declarat* *.

Anno 716, die 29 februarii.

[1] Chilperichus, rex Francorum, viris inlustribus.

[2] Oportit climenciae princepale inter citeras peticionis illut que pro salute adescribetur, et pro divine nominis postolatur, pla-

* Membrana.

gabile auditum suscipere, et, procul dubium, ad aefectum perducere : quatenus de caduces rebus presentes secoli aeterna conquiretur, juxta pre — [3] ceptum Domini dicentis : Facetis vobis amicis de mamona iniquetatis. Ergo de mamona iniquaetatis juxta ipsius dictum nos oportit mercare eterna celestia : et, dum sacerdotum congrua inpertemus beneficia, retrebutorem Domino ex hoc habyre meriamur in eterna tabernacola. — [4] Igetur venerabelis vir Chillardus, abba de baselica peculiaris patronis nostri domni Dionisii marthyris, uby ipse preciosus domnus in corpure requiiscit, climenciae rigni nostri supplecavit, ut juxta quod ab antecessorebus regibus, parentebus nostris, a longo tempure omnis emunae — [5] tas de villa prefate sancti baselice fuit concessa, undae et ipsas precepcionis sue per manebus habire adfirmat, et hoc usque nunc inviolabiliter adserit esse conservatum. Unde petit ut hoc per nostra aucturetatem dinuo pro rei firmitatis circa ipso sancto loco, vel homenis qui se cum substan — [6] cia eorum ad ipsa baseleca tradunt vel condonant, juxta quod anteriores parentis nostri, vel precelsus avuncolus noster Theodericus, seo et consobrini nostri Chlodovius, Childebercthus et Dagobercthus, quondam regis, per eorum aucturetatis ad ipsa baseleca hoc pristetirunt vel confirmave — [7] runt, hoc iteratis circa ipso abbati concidere et confirmare diberimmus. Idio cognuscat magnetudo seu utilitas vestra, quod nos, pro reverencia ipsius sancte loce, vel pro quietem ibydem Deo famolancium, prumtissema volomtati dinuo concessissae et in omnebus con — [8] firmassae vestra cognuscat solercia. Quapropter per hunc preceptum, quod specealius decernemus et in perpetuo volemus esse mansurum, jobymmus ut neque vos, neque junioris seu successores vestri, nec quislibit de judiciaria potestate accintus, in curtis prefate — [9] sancte baselece domni Dionisii, uby et ubi, in quascumque pagus in rigna Deo propicio nostra, quod ad die presente pars ipsius monastiriae posedire vel dominare veditur, vel quod ad Deo timentebus hominebus per ligedema instromenta ibydem fuit concessum aut inantia fuerit — [10] adetum adque delegatum, nec ad causas audiendum, nec ad fidejussores tollendum, nec ad freda exygendum, nec ad mansionis faciendum, nec paratas, nec nullas redebuciones requerendum, ingredire, nec exygire quoque tempure penetus non presumatur, nysi quicquid fiscus noster exin — [11] de potuerat esperare, omnia et ex omnebus pro mercidis nostri conpendium, cum omnis fridus ad integrum sybymed concessus, ut dictum est, inspectas ipsas precepcionis anteriorum regum, parentum quondam nostrorum, vel juxta quod presens nostra contenire videtur aucturetas, quic — [12] quid ipse sanctus locus a diae presente, ut dixemus, habyre videtur, quam quod inpostmodum a Deo timentebus hominebus vel a nobis ibydem fuerit adetum vel conlatum, seu quicumquae justi et racionabyliter, cum omne substancia sua, ad ipso monastirio se tradedirit, et res suas per ligidema — [13] instromenta ibidem delegaverit vel firmaverit, sub integra emunitati, ad diae presente valiat resedire quietus adque securus : et, ut dictum est, quicquid exinde forsetam fiscus noster sperare potuerat, in lumenarebus vel estipendiis seu et in elimoniis pauperum ipsius monastiriae per — [14] enniter, pro nostris oracolis, ad integrum in omnia et ex omnebus sit concessum adque indultum, ut eis melius dilectit pro estabiletate rigni nostri vel pro quietem quibuslibit chunctis leodis nostris Domini meserecordia adtencius deprecare. Et, ut hec aucturetas nostris — [15] et foturis temporebus circa ipso sancto loco perenniter firma et inviolata permaniat, vel per tempora inlesa custodiatur adque conservitur, et ab omnibus judices melius credatur, manus nostri subscripcionebus subter eam decrivemus roborarae.

[16] Actulius jussus optolit. — Chilpricus rex subscripsi.

[17] Datum sub diae pridiae kalendas Marcias, anno primo rigny nostri, in Dei nomine, Conpendio feliciter.

---

# XL.

*Diploma Chilperici II, quo teloneorum immunitatem monasterio S. Dionysii impertitam confirmat* *.

Anno 716, die 5 martii.

[1] Chilperichus, rex Francorum, viris inlustrebus omnis tilenariis Masiliensis. — [2] Dum et ante hus annis proavus noster Dagoberethus, quondam rex, solidus cento eximtis de Mas — [3] silia civetate, sicut ad cellario fisce potuerant esse exactati, ad baseleca peculiaris patroni nostri — [4] domni Dionisii, uby ipse preciosus in corpure requiiscit, et venerabelis vir Chillardus abba preessae — [5] veditur, per sa precepcione, sua mano roborata, concessissit, seu et domnus vel genetur noster Childae — [6] ricus, eciam et abuncoli nostri Chlodocharius et Theodericus, quondam regis, aeciam et nos postia — [7] per nostra precepcione hoc ibydem dinuo vise fuemus concessissae vel confirmase; et taliter in ip — [8] sas precepcionis vedittur habyre insertum, ut tam in ipsa Massilia, quam et per reliqua loca — [9] in rigna Deo propicio nostra, ubycumque telleneus, portaticus, pontatecus, rotaticus, vel reliquas — [10] redebucionis, quod a judicebus publicis exigetur, de carra eorum qui hoc inferre vedintur — [11] ad missus ipsius baselice nullatenus requeratur nec exigiatur, nisi hoc in omnebus annis singolis — [12] habiant concessum. Idio per presente urdenacione vobis decernemus et omnino jobimmus ut, quomo— [13] do misse ipsius baselice domni Dionisii vel memorato abbati, hoc est..... ** cum paris suos — [14] ad vos vinerint, ipsus solidus cento eximtis, sicut ex cellario nostro secundum consuetudinem, absque — [15] ulla mora vel delatacione, juxta quod ordo cataboli fuerit, omnimodis eis dari et adimplire — [16] faciatis : et de ipsa carra qui hoc inferre vedintur, nec in ipsa Massilia, nec per reliqua — [17] loca in rigna Deo propicio nostra, nullo telleneu, nec portateco, nec

* Membrana. — ** Hic unius aut duorum verborum spatium vacuum in autographo.

pontatico, nec rodatico, — [18] nec reliquas redebucionis, nec vos, neque junioris vestri, nec quislibit de parte fisce nostri — [19] requireri nec exagetare penitus non presumatis. Videtis ut aliut ob hoc non faciatis, — [20] se gracia nostra obtatis habyre propicia. — Chrodebercthus recognovit. (*Locus sigilli.*)

[21] Datum qod ficit minsis Marcius die v, anno primo rigni nostri, Conpendio, in Dei nomine filiciter.

---

## XLI.

*Placitum Chilperici II, quo medietatem fundi in Superiore Bacivo monasterio S. Dionysii adjudicat*.*

Anno 716, die 7 martii.

[1] Chilperichus, rex Francorum, vir inluster.

[2] Cum in nostra vel procerum nostrorum presenciae Conpendio, in palacio nostro, homo alicus, nomine Friulfus, venerabeli viro Martino — [3], preposito de baselica peculiaris patronis nostri Sancte Dionisii, interpelavit, dum dicerit eu quod porcione sua de parte socero suo Edrone quondam, — [4] in loco noncopante Superiore Bacivo, ad eo ligebus pervenire deburat, ei malo ordine contradicerit, vel post se retenirit. Qui ipsae — [5] Martinus dedit in respunsis, quod extromentum habibat quem filius supraescripto Edrone quondam, nomine Eodo, venerabili viro Chrodcha — [6] rio monaco Sancti Dionisii vindedissit. Et ipsa vindicione in presente ostendedit relegenda. Relicta ipsa vindicione, sed dum inter se inten — [7] derint, sic a procerebus nostris fuit inventum, ut illa medietate de ipsa porcione in jamdicto loco Superiore Bacio jamdictus — [8] Martinus ad parte ipsius Sancti Dionisii habire dibiad. Proinde nos taliter, una cum nostris procerebus, constetit decrivissae ut, dum — [9] inluster vir Vuarno, comis palati nostri, testemoniavit, fuit jude-

* Membrana.

catum, quod ac causa sit acta vel inquesita fuissit denuscetur, — [10] jobimmus ut memoratus Martinus ipsa medietate de jamdicta porcione in ipso Superiore Bacio, quicquid ad ipsa medietate — [11] aspicere veditur, una cum terris, domebus, edeficiis, acolabus, mancipiis, campis, silvis, pratis, pascuis, aquis aquarumve decursebus, adjae — [12] cenciis, apendiciis ad se pertenentis, pecuniis, presidiis, farinariis, gregis cum posthorebus, omnia et ex omnebus rem exquesita, — [13] illa medietate ad integrum, inspecta vel estante eorum estromenta, absque repeticione suprascripto Friulfo vel heridis suos ad — [14] partes Sancti Dionisii omne tempure habiant evindecata adque elidiata, et sit inter ipso Friulfo suisque heridebus vel agentis [15] — domni Dionisii, omni tempure subita causacio. Et, dum ipse Martinus in causa ipsius baselice domni Dionisii contra ipso Fri — [16] ulfo, tam illa fructa de illa alia medietate, quam et illa, fide facta per vuadio suo, in presente visus fuit transsolsissae, jobimmus — [17] ut omne tempure tam ipse Martinus vel pars domni Dionisii, absque repeticione ipsius Friulfo vel heridis suos, de ipsa fide facta vel ipsa fruc — [18] ta ducti et secure valiant resedire. Ermedramnus recognovit et subscripsit. (*Locus sigilli.*)

[19] Datum qod ficit minsis Marcius dies vij, anno I rigni nostri, Conpendio, in Dei nomine feliciter.

---

## XLII.

*Diploma Chilperici II, quo centum vaccas annuatim in fisco Cenomanensi percipiendas monasterio S. Dionysii concedit*.*

Anno 716, die 16 martii.

[1] Chilperichus, rex Francorum, vir inluster.

[2] Se facta parentum nostrorum conservammus, regia consuetudine exsercemus, et nostra in postmodum estabelis esse confidemus,

* Membrana.

precipuae peticionebus sacerdotum, quod pro eorum confirmanda beneficia pertenit, libenter obaudimus, vel efectui in Dei nomene — [3] mancaepammus, hoc nobis ad mercedis nostri augementum pertenire confidemus. Idioquae venerabelis vir Chillardus, abba de baselica peculiaris patronis nostri domni Dionisii marteris, ubi ipse preciosus domnus in corpure requiiscit, climenciae rigni nostri sogessit — [4] eo quod bone memorius proavus noster Dagobercthus, quondam rex, per sua aucturetate, mano sua roborata, vaccas cento soldaris quod in inferenda de pago Cinomaneco in fisce dicionebus sperabatur, ad ipsa sancta basileca, annis singolis, concessissit. Unde — [5] et cessionem ipsius princepae, seu et confirmacionis avo nostro Chlodovio et bone memoriae genetore nostro Childerico vel avuncolo nostro Theoderico, seo et consobrinus nostrus Chlodovio, Childeberctho et Dagoberctho quondam regebus, eorum manebus robora — [6] tas, se ex hoc per manebus habire adfirmat; et sicut ipse beneficius ad ipsa baselica ab ipsis principebus fuit concessus vel indultus, annis singolis, a judiciaria potestate loce illius reddire vel adimplire conmemorat. Sed, pro firmitatis estodium, petit celsae — [7] tudinem nostri ut hoc circa ipso abbati vel memorata sancta basileca nostra hoc plinius diberit aucturetas perpetualiter confirmare. Cujus peticioni, pro reverencia ipsius sancte loce, gradante animo pristetisse, vel in omnebus confirmasse vestra conperiat magnetudo. — [8] Precipientis enim jobimmus ut, sicut constat antedictus princeps Dagobercthus, quondam rex, ipsas vaccas cento inferendalis de supraescripto pago Cinomaneco, quod annis singolis in fisce diceionebus sperabatur, per sua aucturetate ad ipsa baselica concessit, — [9] et hoc a judiciari potestate, annis singolis, conservare vel adimplire vedintur, ita et deinceps, inspectas ipsas aucturetatis vel confirmacionis predictis principebus, per nostrum preceptum plinius in Dei nomine confirmatum, circa ipso sancto loco perenniter in — [10] omnebus valiat esse conservatum adque indultum, et ibidem, nostris et futuris, Deo ausiliante, temporebus, proficiat in augementis: ita ut eis melius delectit, pro estabelitati rigni nostri, ad ipso sancto loco Domini meserecordia adtencius deprecare. — [11] Et, ut hec auctoretas firmior habiatur et per tempora conservitur, manus nostri subscripcionebus subter eam decrivemus roborare.

[12] Chilpricus rex subscripsi. — Actulius jussus optolit.

(*Locus sigilli.*)

[13] Datum qod ficit minsis Marcius dies xvj, anno primo I. rigni nostri, Conpendio, in Dei nomine feliciter.

---

## XLIII.

*Diploma Chilperici II, regis Francorum, quo silvam Roveritum monasterio S. Dionysii donat*.*

Anno 717, die 28 februarii.

[1] Chilperichus, rex Francorum, vir inluster.

[2] Se aliquid ad loca sanctorum de nostris munerebus pristamus vel concidemus, hoc nobis ad mercidem vel sta — [3] biletate rigni nostri in Dei nomene pertenire confidemus. Ideo cognuscat hutiletas seo magnetudo ves — [4] tra, quod nos foreste nostra Roverito, cum omnem jure vel termene suo ad integrum, que est in pago — [5] Parisiaco, super fluvium Sigona, una cum illo forestario nomene Lobicino qui conmanit in fisco nos — [6] tro Vetus Clippiaco, una cum mansus quod in ipso Clippiaco tenire viditur, vel terras, ad ipsus — [7] mansus aspicientes ad integrum, ab basileca peculiares patronis nostri Sancti-Dionisii, ubi ipse — [8] preciosus domnus in corpore requeiscit, vel ubi domnus Turnoaldus episcopus custus presse viditur, ad — [9] peticione inlustri viro Raganfredo, majorim-domus nostro, plina et integra gracia, ad diae — [10] presente, vise fuemus concessisse. Quapropter per presente precepcione specialius decernimus — [11] urdenandum, quod in perpetuum circa ipso sancto loco mansurum esse volemus, ut ipsa foreste nostra — [12] Roverito, cum omnem jure vel termene suo ad integrum, una cum suprascripto forestario vel man — [13] sus suos, cum terras vel prata in ipso Clip-

* Membrana.

piaco ad integrum, ipse domnus Turnoaldus — [14] episcopus ad ipsa sancta basileca domini Dionisii martheris, plina et integra gracia, ex nostro munere — [15] largitates, hoc habiat concessum adque indultum, ut eis in antia semper melius delectit pro sta — [16] biletate rigni nostri, vel pro salutate patriae, Domini meserecordiae adtencius exorare, et nul — [17] la requesicione, nec nullo inpidimento ad judicibus publicis, tam in nostro tempore quam et ad suc — [18] cedencium rigum, ob hoc habire non pertemiscant, nise ad suprascripta sancta basileca domni Dionisii, — [19] nostris et foturis temporibus, proficiat in augimentis. Et, ut haec precepcio firmior habiatur, vel — [20] per tempora conservitur, manus nostri subscripcionebus subter eam decrivemus roborare.

[21] Chilpricus rex subscripsit.

[22] Raganfridus optolit. *(Locus sigilli.)*

[23] Datum pridiae kalendas Marcias, annum secundum rigni nostri, Conpendio, in Dei nomene feliciter.

---

# XLIV.

*Charta precaria Vuademeri et Ercambertæ.*

Anno 730, die 20 augusti.

[1] Domno sancto et in Xpisto venerabile patri Sigofredo abbati vel omni congregatione monasterii Sancti Vincenti et Sancti Germani, ubi ipse pretiosus — [2] domnos in corpore requiescit, qui est sub opidum Parisius civitate constructus. Ego enim, in Dei nomine, inluster vir — [3] Vuademerus et inluster matrona sua Ercambertane ..................... et nostra........... decrevit — [4] voluntas, ut villa vestra, cui vocabulum est Prisciniacus, quae est in pago Vilgasino, super alveum Sigona, illam medietatem, que [ge]netor — [5] [n]oster, nomen Hebroulsus condam, et Hansberta ad ipso monasterio vestro delegaverunt, ad usu beneficio dignati fuistis nobis

* Membrana.

concedere, — [6] tam illas res quam et illas alias..., nos per nostra strumenta ante hos dies ad casa Sancti Vincenti et Sancti Germani adfirmavimus, hoc est : Novisolio in pago Ande — [7] gaveninso, seu alias res quae sunt in pago Dorgasino............ bus, edificiis, casticiis, mancipiis, silvis, campis, pratis, pascuis, — [8] farinariis, gregibus cum pastoribus, aquis aquarumve decursibus, praesidiis mobilibus et inmobilibus, utriusque genere sexus tam majore quam et minore, adja — [9] cenciis vel reliquis quibuscumque beneficiis. Ea vir ratione ut, dum pars partis nos advexeremus, ipsas res superius nominatas, Prisciniacus, Novisolio et Uxxima,— [10] usufructuario ordine excollere, possidere debeamus; post nostrum quoque amborum discessum, omnem rem inmeliorata, quicquid ibidem inventum aut repertum fuerit, — [11] tam vos quam et successores vestri ad partibus monasterii vestri Sancti Vincenti et Sancti Germani recipere debeant, ut neque nos neque de haeredibus nostris per artificium non habeant — [12] aliud adserciendum, et cinso annis singulis, de festivitate in festivitatem sancti Germani, quod evenit .II. kalendas Junias, solidus in argento. xxx. dare et adimplere studea — [13] mus ; et, si de ipso cinso neglegens aut tardus apparuerimus, licenciam vobis permittimus de ipsas res ut nos eiciatis et ad partibus vestris revocare. Si quis — [14] vero, quod fieri non credimus, si nos ipsi aut aliquis de haeredibus nostris vel prohaeredibus, vel quislibet extranea persona, qui contra hanc epistolam prae — [15] caturia ista, qui nos spontanea voluntate fieri vel conscripbere rogavimus, venire aut eam infrangere voluerit, tunc vobis vel ad partibus — [16] vestris, una cum distringente fisco, auri libras .v., argento pondo .x. emendare faciat; et ut haec epistola precaturia, tam se de — [17] quiquennio in quiquennio renovata fuerit, ista non sit necesse cui nobis placeat adfirmare, sed per semetipso omni tempore obte — [18] neat firmetatem, cum estibulacione subnexa. Hactum Prisciniaco villa publice, quod fecit mensus Augustus — [19] dies .xx. vigenti, in anno decimo .x., regnante Theoderico gloriosissimo regis. — [20] Vuademerus hanc epistola praecaturia facta relicta suscripsi. Ercamberta subscripsi. — [21] Signum † Faroino dominus subscripsi. Asinarius subscripsi. Jonatas subscripsi. — [22] Signum

† Ansberto, servo Dei. — [23] Ratbertus subscripsi. — Rainarius subscripsi.

---

## XLV.

*Placitum Pipini, majoris-domus de vico Curborio* *.

Anno 750, die 20 junii.

[1] Cum resedissit inluster vir Pippinus, majorem-domus, Attiniaco, in palacio publico, ad universorum causas audiendum vel recta judicia termenandum, — [2] ibique veniens Fulradus abba de monasthterio Sancti domni Dionisii, ubi ipsi preciosus domnus in corpore requiescit, advocato Ragane abbatissa, nomine Legitemo, inter — [3] pellabat, repetebat ei eo quod ipsa Ragana, vel agentis monasterii sui Septemolas, res Sancti Dionisii post se malo urdine retenebat injuste in loco qui dici — [4] tur Curbrius, in pago Tellau, quem Chairebaldus et conjux sua Aillerta, per eorum testamentum, ad casa Sancti Dionisii condonarunt. Sed ipsi Legitemus in presente adistabat, et — [5] ibidem ostendebat cartas de nomene Francane qualiter ipsas res ad Septemolas condonassit. Unde et nos ac causa pro veretate inquesivimus quod ipsas ris per drictum — [6] ad casa Sancti Dionisii aderant; et ipsi Legitemus nulla habuit quod contra ipsa istrumenta Sancti Dionisii dicere aut obponere dibuissit. Unde et de presente ipsa stru — [7] menta in omnibus veraces esse dixit, et postea per suo vuadio ipsi Fulrado abbati de ipsas res in Curborio per suo vuadio in causa Sancti Dionisii visus fuit revestisse, — [8] et pro suo fistugo sibi exinde dixit esse exitum, tam pro se, quam pro ipsius Raganane abbatissa, vel agentis monasthterii sui Septemolas. Proinde nos taliter, una cum — [9] fidelibus nostris, id sunt, Nibulfo, Dadone, Diddone, Chagnerico, Braicone et Vuineram, qui in vicecomete palate nostro adistare videbantur, vel — [10] relicus quam pluris, visi fuemus judicasse, ut dum ipsi Legitemo advocata Ragane abba-

* Membrana.

tissa de monastherio Septemolas in presente adistabat, — [11] et nulla potuit tradere racionis per quid ipsas ris Sancti Dionisii in Curborio ipsa Ragana aut agentis sui habere dibuissit; et de presente Fulrado abbati — [12] exinde per suo vuadio visus fuit, revestisse, et per suo fistugo sibi exinde dixit esse exitum. Propteria jobemus ut, dum ac causa sic acta vel perpetrata — [13] fuit, ipsi Fulradus abba, vel casa Sancti Donisii, seo successoris sui, ipsas ris in Corborio, de quantum quod Chairebaldus et conjux sua Aillerta per — [14] eorum istrumentum manus potestadivas ad casa Sancti Dionisii condonarunt, contra ipsa Raganane abbatissa vel agentis monastherii — [15] sui Septemolas, vel in contra ipsius Legitemo, seo successoris eorum, habiat evindicatas adque elidiatas; et sit inter eos in postmo — [16] dum ex ac re, omneque tempore, subita causacio. — [17] Vuineramnus recognovit et subscripsit. — [18] Datum quod fecit mensis Junius dies viginti, annum nono viiij Childerico rege.

---

## XLVI.

*Præceptum Pipinus, majoris-domus, quo multa praedia monasterio Sancti Dionysii, in placito restituta, confirmat* *.

Circa annum 751.

[1] Summa cura et maxima sollicitudo debet esse principum ut ea quae a sacerdotibus pro oportunitate ecclesiarum Dei fuerint postulata, solerter perspicere, et congrua vel oportuna eis beneficia non denegare, — [2] sed ea quae pro Dei sunt intuitu, ad effectum in Dei nomene mancipare. Igitur inluster vir Pippinus, majorem domus, omnibus episcopis, abbatibus, ducibus, comitibus, domesticis, grafionibus, vegariis, centenariis, vel omnes — [3] missos nostros discurrentes, seu quacumque judiciaria potestate preditis, cognuscat

* Membrana.

utilitas seu magnitudo vestra venerabilis vir Fulradus, abba de monastyrio peculiaris patronis nostri Sancti Diunysii marty — [4] ris, ubi ipsi preciosus domnus in corpore requiescit, missa peticione per monachos de ipso caenubio, seu per agentes de villabus ipsius sancti, nobis suggessit dicens eo quod rebus ipsius Sancti Diunisii quae a longo tempore tam — [5] ex munificencia regum, quam et a Xpistianis vel Deo timentibus et bonis hominibus conlatas vel donatas fuerunt, a pravis seu malis hominibus, per iniqua cupiditate seu malo ingenio, vel tepiditate abbatorum, vel neglecto — [6] judicum, de ipsa sancta casa abstractas vel dismanatas fuerunt; unde et ipsi monachi, vel ipsi agentes, una cum preceptiones regum vel reliqua strumenta cartarum, de ipsas res, in palacio nostro ante nos vel pro — [7] ceres seu ducibus nostris, per plures vicibus advenerunt, et in racionis, una cum plures hominibus qui ipsas res malo ordine tenebant, ante nos adstiterunt. Et nos, pro reverencia ipsius sancti Diunisii martyris, vel pro amore — [8] Dei, ipsas cartas dilegenter relegere rogavimus, et ubicumque eorum justicia invinimus, sicut proceres nostri seu comitis palacii nostri, vel reliqui legis doctores judicaverunt, pro conpendio ad ipsa casa in luminaribus ip — [9] sius sancti, vel pro stipendia ad ipsos fratres, vel susceptione pauperum et peregrinorum, ipsas res, sicut diximus, ubi eorum justicia invinimus, eis reddidimus. Et missus nostros Guichingo et Chlodione, ad eorum peticione, — [10] per diversos pagos, una cum ipsa strumenta, ad hoc inquirendum vel investigandum direximus, ut, ubicumque eorum justicia invenissent, vel ipsi monachi vel ipsi agentes legitima strumenta presentabant, vel — [11] casa Sancti Diunisii exinde vestita fuerat, vel bonis et Deo timentes hominibus ibidem datas vel conlatas fuerunt, et ipsa casa legitime et racionabiliter per lege exinde vestita fuerat, et postea per iniquo ingenio — [12] de ipsa casa abstractas fuerant, eis reddere deberent. Quod ita et fecerunt. Id sunt per diversis pagis loca denomenata : in pago Fanmartense, cella qui dicitur Cruce, qui aspicit ad fisco Solemnio, quem domnus Childobertus — [13] quondam rex ad casa Sancti Diunisii per sua preceptione concessit; similiter in pago Bragobanto, loca nuncupantes Scancia et Cambrione; similiter in pago Briegio, loca nuncupante

Linariolas: similiter in pago Melciano, loca cogn — [14] ominantes Nartiliaco et Coconiaco; similiter in pago Belloacense, loca nominata Pictitovillare, Marciaco, Saciaco, Asinovillare, Theodegariovillare, Ambricocurte, Ebroaldocurte, Gellis; similiter in pago Camliacense, loco qui dicitur — [15] Bodornello; similiter in pago Velcassino, Bacivo superiore et subteriore; similiter in pago Madriacense, Vinias, Gamapio et Niventis, Villanova, Rorbacio, Sigrancio, Beranecurte; similiter in pago Tellao, loca cognominantes, Pistus, — [16] Macerias, Verno, Fiscera, Pocio, Bodalcha, Brittenevalle, Artiliaco, Agusta, Rausedo, Crisonarias, Guariaco; similiter in pago Vimnao, loca cognominantes Marca, Malcha, Malchis, Avisnas, Rodeno, Rodalcha, Sodicolas, — [17] Vidriaco, Horona, Arcas; similiter in pago Ambianense, loca qui dicuntur Pisciaco et Adsulto; seu diversa loca per diversos pagos tam majora quam et minora, quod per singola nomenare non fuit necessarium, — [18] unde ipsa casa ad presens vestita esse videtur; ita ut, sicut ab ipsis inventum vel investigatum fuit, et ipsas res ipsi monachi vel ipsi agentes partibus Sancti Diunisii receperunt, deinceps et in postmodum, ab hodiernum diem, — [19] ipsa sancta casa vel ipsi monachi seu agentes eorum, aevis et futuris temporibus, habeant evindecatas, atque elidegatas. Unde et ipsi jam dictus Fulradus abba, seu et ipsi monachi de ipso sancto caenubio qui in ipsa sancta — [20] casa conversare vel vitam degere videntur, nobis petierunt ut pro futuris temporibus preceptione nostra, manu nostra firmata, exinde eis adfirmare deberemus; quod ita et fecimus, ut sicut constat quod ipsas — [21] res per legem et justiciam in palacio nostro evindegaverunt vel reciperunt, ut tam ipsi abba quam et successores sui, omni tempore pro compendio, sicut superius insertum est, ad ipsa sancta casa, ad luminaria procuranda seu — [22] vestimenta monachorum vel reliqua conpendia, seu susceptionem pauperum et peregrinorum, habeant evindegatas atque elidegatas, et ut eis semper melius delectet pro nos vel filios nostros, seu pro stabilitate — [23] regni Francorum, die noctuque incessabiliter orare vel Domini misericordia deprecare, et, sicut nobis promiserunt, per singulos dies nomen nostrum, tam in missas quam et in peculiares eorum oracionibus, ad sepulcrum ipsius — [24] sancti

Diunisii debeant recitare : si adhuc in antea eorum justicia invenire potueremus, eis libente animo reddere volumus. Et, ut haec auctoritas vel preceptio nostra, quod nobis postulaverunt, circa ipsa sancta — [25] casa proficiat, et aevis et futuris temporibus inconvulsa vel firma debeat permanere, manu propria subter firmavimus, et anuli nostri inpressione signavimus. (*Locus sigilli,*)

[26] Signum † inlustri viro Pippino majorem-domus.

---

## XLVII.

### *Fragmentum epistolæ cujusdam imperatoris Constantinopolitani* *.

PARS PRIOR.

[1] . . . . . ων ὅτι ἐν τῷ τα[ξιδ]ίῳ τούτῳ . . . δ . . . — ε [2] . . . ε . . . . αγενέσθαι. . . . . α[καί] [3] — . . . . . . ξ΄. . . . . . . . ν αὐτοῦ τοῦ [φιλα]ν] θρώ[πο[υ . . . . . . [4] — θεσπίσματι θείῳ ἡ ἀγάπη τῆς ἡμετέρας ἐκ [θεοῦ βασι] [5] — [λείας] ἐφαπλωθῆ ὑμῖν, καὶ ἔσηται [τὰ δίκα] [6] — [ια] τῆς ἐκ θεοῦ [βασ]ιλείας ἡμῶν [καὶ] [7] — ἠγαπημένου ἡμῶν τέκνου [γνωστὰ] [8] — [ἀκρι]μῶς, καὶ ὁ θεὸς δοξά[ζηται] [9] — καὶ εἰς τὰ πέρατα τῶν χριστιανῶν [ἡ πα-] [10] — ροῦσα κατάστασις φθάνη καὶ οἱ [ἔχθροι].

PARS ALTERA.

[1] [ἀπ]όλονται καὶ οἱ φίλοι σώζονται [ἡ χά [2] — ρις] τοῦ θεοῦ καὶ ἡ εἰρήνη αὐτοῦ [καὶ ἡ ἀ] [3] — γάπη ἔρω μεθ΄ ὑμῶν καὶ περὶ [παντὸς] [4] — νεῶ ἁρμόδιόν σοί ἐστιν καὶ ὑπομι[μνήσκεσ [5] — θαι] νέμειν τῷ προδηλωθέντι [φιλο] [6] — χρίστῳ ἡμῶν τέκνῳ τῷ ῥιγὶ [τιμὴν] [7] — ὃς αὐτῷ ἐκτίσθης καὶ ἐπὶ τῷ [εἶναι [8] — πιστὸς] αὐτῷ παρὰ τοῦ δημιουργή[σαντος].

**LEGIMUS.**

LEGIMUS.

* Papyrus.

# XLVIII.

## *Bulla Nicolai Papæ I pro monasterio S. Dionysii* *.

Anno 863, die 28 aprilis.

[1] Nicolaus episcopus servus servorum Dei †. — [2] Dilectis fratribus ac filiis nostris venerabili monasterio sancti Xpisti martyris Dyonysii, — [3] sub regula sancti Benedicti religiosa conversatione degentibus, nunc et futuris temporibus. — [4] Quando ad ea quae catholicorum regum corda pontificalibus sunt monitis provocanda, — [5] ita ardenti desiderio, divina preveniente gratia, succenduntur, ut ab eis ultro poscantur, — [6] tanto alacri et laeto sunt animo concedenda, quanto et ea ipsa quae cupiunt, si — [7] nollent facere, peti debuerant. Proinde juxta scripta petitoria filii nostri precellentissimi — [8] regis Karoli hujusmodi privilegium praesentis auctoritatis nostræ decreto eidem monasterio — [9], vestris futurisque temporibus, indulgemus, concedimus, atque firmamus ut, sicut ipse gloriosissimus — [10] filius noster divino ductus amore, de villis ac facultatibus, seu stipendiis specialiter monachorum — [11] et ecclesiæ ornamentorum, vel luminariorum, ac matriculariorum, seu hospitum, atque — [12] pauperum usibus servata, vel emeliorata, seu aucta, ordinatione, quae tempore piæ memoriæ — [13] genitoris sui Hludouvici Augusti exinde fuerat facta, constituit et praecepto suae auctoritatis — [14] firmavit, privilegiumque venerabilibus fratribus ac filiis nostris episcopis illarum regionum — [15] fieri et confirmari fecit, ita, sicut in eodem privilegio atque praeceptis regiis filii nostri — [16] Karoli exinde factis continetur, perpetuo inconvulsa permaneant. Constituimus— [17] etiam auctoritate beati Petri ut nullus regum, nemo antistitum, vel abbatum, seu — [18] quilibet quacumque praeditus dignitate, de his quae in praefato privilegio seu in — [19] præceptis ipsius filii nostri Karoli, ex his quae præmisimus factis, continetur,

* Papyrus.

vel in — [20] futuro ab eo, vel a quibuslibet aliis de proprio fuerint his specialibus usibus jure con—[21] lata, sub cujuslibet causæ occasione sive speciæ, quicquam minuere vel auferre, et sive — [22] suis usibus applicare vel aliis, quasi piis causis, pro suae avaritiæ excusatione, praesu — [23] mat concedere, sed cuncta quae praefatis usibus monachorum, et ecclesiae ornamentorum, — [24] vel luminariorum, matriculariorum, hospitum et pauperum oblata sunt, vel offerri conti — [25] gerint, perempni tempore inlibata et inconvulsa, ac sine aliqua inquietudine, eorum — [26] usibus pro quorum sustentatione gubernationeque concessa sunt, modis omnibus, — [27] profutura permaneant. Haec igitur omnia quae hujusmodi præcepti decretique nostri — [28] pagina continet, tam vobis quam cunctis qui in eo quo estis ordine locoque successerint, — [29] vel eis quorum interesse potuerint, in perpetuum conservanda decernimus, — [30] salva in omnibus quae hujus decreti pagina continentur auctoritate, et honore — [31] sanctæ Romanae Ecclesiae et Sedis Apostolicae privilegio. Si quis autem temerario — [32] ausu, magna parvave persona, contra hoc nostrum apostolicum decretum agere — [33] præsumpserit, sciat se anathematis vinculo esse innodatum, et a regno Dei alie — [34] num, et cum omnibus impiis aeterni incendii supplicio condempnatum. — [35] At vero qui observator extiterit præcepti hujus, gratiam atque misericordiam, — [36] vitamque aeternam a misericordissimo Domino Deo nostro consequi mere — [37] atur. Scriptum per manum Sophronii notarii regionarii et scriniarii — [38] sanctae Romanæ Ecclesiae, in mense Aprile, indictione undecima. † Benevalete. †

[31] Datum iiij kalendas Maias per manum Tiberii primicerii — [40] Sanctæ Sedis Apostolicæ, imperante domno piissimo — [41] Augusto Hludouvico, a Deo coronato, magno, — [42] pacifico imperatore, anno quarto-decimo, et post consulatum — [43] anno quarto-decimo; indicione undecima.

For EU product safety concerns, contact us at Calle de José Abascal, 56–1°, 28003 Madrid, Spain or eugpsr@cambridge.org.

www.ingramcontent.com/pod-product-compliance
Ingram Content Group UK Ltd.
Pitfield, Milton Keynes, MK11 3LW, UK
UKHW012336130625
459647UK00009B/326

* 9 7 8 1 1 0 8 0 3 5 3 3 0 *